A8 →

預定
ETD

目的地
Destinati

U0084891

23:50 維也納

Vienna

飛行了十三個小時
終於踏進了另一個國度
沿路追尋沃夫崗 · 阿瑪迪斯 · 莫札特的足跡
我來到音樂聖地──奧地利

旅途中每一幕陌生的景致都衝擊著我
挑起我冒險、喜歡挑戰的心情
盡情地融入在每一個當下
我哼著音符、任憑它們在城市中跳躍
衝擊出未知的音樂想像

凱特文化 愛旅行 44
衝撞・阿瑪迪斯：張芸京奧地利寫奏曲

作者 張芸京｜**藝人經紀** 金牌大風音樂文化股份有限公司、佰儷製作
發行人 陳韋竹｜**總編輯** 嚴玉鳳｜**主編** 董秉哲
責任編輯 李育萍｜**封面設計** 楊茬因｜**內頁排版** 楊茬因
攝影 黃天仁、楊鳴齊｜**側拍** 陳勇秀｜**妝造** 王威翔｜**妝造助理** 李偉哲
製作協力 劉妍鑠、高嘉羚｜**行銷企畫** 許雅婷、黃士偉｜**廣告企畫** 陳乃慈
印刷 通南彩色印刷有限公司
法律顧問 志律法律事務所 吳志勇律師

出版 凱特文化創意股份有限公司
地址 台北縣 236 土城市明德路二段 149 號 2 樓｜**電話**（02）2263-3878｜**傳真**（02）2263-3845
劃撥帳號 50026207 凱特文化創意股份有限公司
讀者信箱 service.kate@gmail.com｜**凱特文化部落格** http://blog.pixnet.net/katebook
營利事業名稱 聯合發行股份有限公司｜**負責人** 陳日陞
地址 台北縣 231 新店市寶橋路 235 巷 6 弄 6 號 2 樓｜**電話**（02）2917-8022｜**傳真**（02）2915-6275

初版 2011 年 2 月｜**ISBN**（限量版）978-975-8450-03-9 （一般版）978-986-6175-15-2
限量版定價 新台幣 399 元｜**一般版定價** 新台幣 350 元

特別感謝 Ergotech KTM neo-wind Kodak list n r. lotto SIBERIA CAT 2% 金牌大風 GOLD TYPHOON 佰儷製作

旅途的開始 A start

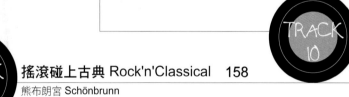

旅途的最後 The end

旅途的開始 A start

我的生命,一直都和音樂有關。

從小到大的表演、唱歌、組團和比賽,任何關於音樂的事物,
都能夠輕易地觸摸我。

古典音樂,其實接觸的不多,但常常會有許多耳熟能詳的曲
子環繞在我生命的周圍。我想,古典樂能夠被留下,就是因
為這些音符是那麼純粹的、充滿想像空間的,有著遙遠卻又
好近的距離。它的美,還有個很特別的原因,是它總能出其
不意地呈現出神秘感,那樣的神秘感直接衝擊著我,吸引了
我。

莫札特,一個無人不知曉的音樂神童。
從未接受過正統音樂洗禮的我,懷著對他的好奇,決定來一
場與莫札特的邂逅與約會,帶著胸口裡熊熊燃燒的搖滾精
神,企圖和他衝撞出一番音樂火花。

飛行了十三個小時後，終於踏進了這裡。

每回因為工作飛行，來來去去漸漸感到麻痺，覺得不過是搭上飛機，無論要去哪裡，總會到達目的地。但，這一次的飛行，卻有一種不真實感。心想著：

「我真的到歐洲了嗎？」

對於歐洲國家的好奇與憧憬，我，當然也不例外。

興奮中，半夢半醒地撐過了這十三個小時，睜開眼睛，感覺已經有什麼東西偷偷的改變了，突然發現，我長髮披肩、裹得緊緊的，站在奧地利機場大廳裡。很奇妙，也許人生的旅途也是這樣，走著走著，產生一些不確切的感覺。「我真的已經是個藝人了嗎？」「我真的是那個張芸京嗎？」

這一些不真切的感覺，
蹦一下出現在我腦子裡。
因為現在的我，正踩在歐洲的路地上。

「我，真的在歐洲了。」

張芸京

Track 1
Mozartt

遇見 莫札特

ate the red berries "we ate the red berries
and fell into the pond
found myself in a dream
where all my worries were gone"

—— Angus & Julia Stone 〈Red Berries〉

在薩爾茲堡格特萊第街上，一棟鵝黃色的建築特別亮眼，
牆面上鑲著「Mozarts Geburtshaus」的燙金文字，原來這
裡就是莫札特出生時的故居。他們一家人在這棟建築物的
三樓，居住了二十六個年頭。據說莫札特剛學會走路，就
時常爬到鋼琴的椅子上，像傳統習俗抓周一樣，冥冥中注
定了莫札特在音樂上的造詣與才華。

『如果我小時候就抓到了吉他和麥克風，
現在，或許又會有更多樣子的張芸京被發覺。』

衝撞 · 阿瑪迪斯 / 遇見莫札特

從小張芸京就對音樂很有感覺，她發覺自己「可能」會唱
歌，是在一次國小音樂期末考，所有人都要上台挑選一首
音樂課本裡的歌，隨著老師的鋼琴伴奏唱給全班人聽，輪
到她的時候，也不知道自己哪來的勇氣，一打開課本就很
大聲地唱出來，當時，隱約感覺到台下同學們的騷動，大
家聽到她的聲音，都驚訝地抬頭看。

她笑說：『我想那時候，可能不是覺得我唱歌好聽，而是
被我的大嗓門給嚇到了吧！』

016

CRASH AMADEUS / Track1 Mozart

衝撞‧阿瑪迪斯 / 遇見莫札特

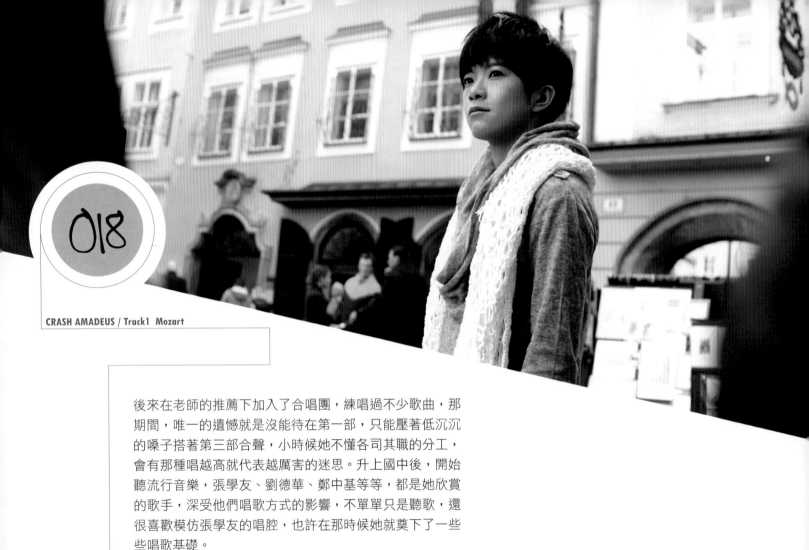

CRASH AMADEUS / Track1 Mozart

後來在老師的推薦下加入了合唱團，練唱過不少歌曲，那期間，唯一的遺憾就是沒能待在第一部，只能壓著低沉沉的嗓子搭著第三部合聲，小時候她不懂各司其職的分工，會有那種唱越高就代表越厲害的迷思。升上國中後，開始聽流行音樂，張學友、劉德華、鄭中基等等，都是她欣賞的歌手，深受他們唱歌方式的影響，不單單只是聽歌，還很喜歡模仿張學友的唱腔，也許在那時候她就奠下了一些些唱歌基礎。

衝撞 · 阿瑪迪斯 / 遇見莫札特

019

CRASH AMADEUS / Track1 Mozart

高中時期，則是張芸京最燃燒的熱血年代。她記得有次班際英文歌曲合唱比賽，演唱的歌曲是〈When you believe〉（電影埃及王子主題曲），這首歌曲難度很高、分部很細，班上的同學又是女多男少，在沒有任何音樂專業指導下，每個人依靠著直覺和熱情想辦法分工合作，夜夜留校練習，有人上網找歌譜、有人連夜請教好手、有人玩吉他、貝斯、鋼琴等樂器改編整首歌曲，不光只是注重 vocal，還特別將樂團概念創新加入傳統合唱中。在樂譜不斷修修改改和日以繼夜的疲勞累積下，其中發生了幾位男同學起口角差點打架的事件、不願意配合練習的插曲，但也正因為這些辛苦的過程讓大家更加團結，更加堅持一定要完成這項艱難的任務。

衝撞・阿瑪迪斯 / 遇見莫札特

Mozarts Geburtshaus

song List

> No.19 In E Minor Op.72 No.1 (Posth.) – Yundi Li
旅途一開始聽的第一首鋼琴演奏曲

> When you believe
電影埃及王子主題曲
高中時班際英文歌合唱比賽第一名之歌

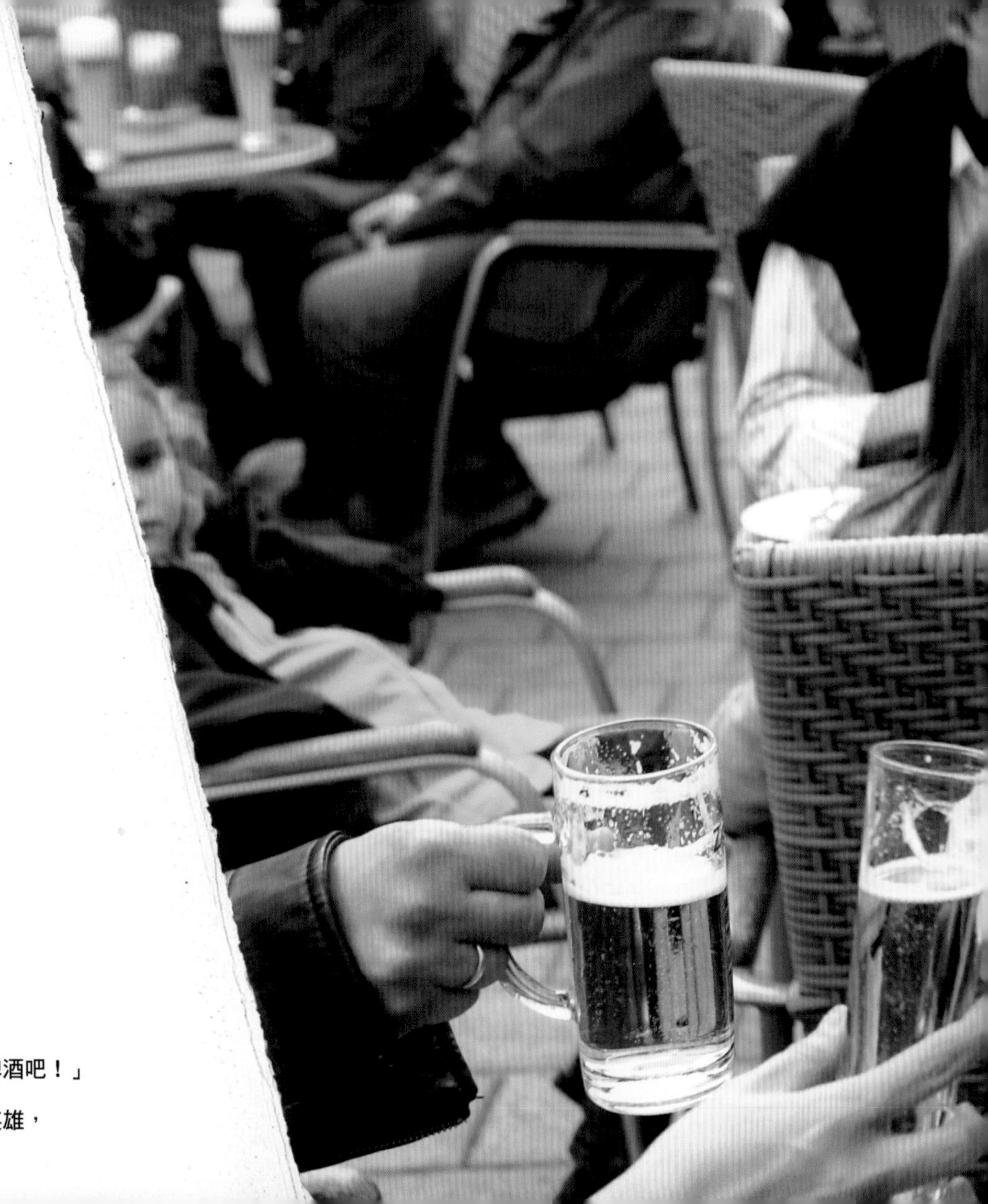

一旁坐在露天咖啡座的外國人突然邀約，
用手勢歡迎她一起坐下來，
一坐下來，他們馬上熱情的說：「先來杯啤酒吧！」

她說：「看照片大概會以為我是個酒國女英雄，
其實我喝的是枇杷膏啦！」

為了能在台上短短幾分鐘的完美演出，這份強烈的榮譽感，
讓她和班上同學無怨無悔地付出心血和時間，一站上活動
中心的舞台就暢快高歌，這場盡心盡力的表演換來了最高
榮譽，成為班際英文歌合唱比賽的第一名，創下學校歷屆
比賽中樂手最多、編曲最特別，精彩融合美聲與搖滾的比
賽紀錄，這是張芸京和高中同學最光輝燦爛的青春歲月！
也造就她日後喜歡在搖滾基底中加入改編不同類型曲風的
音樂玩心！

衝撞・阿瑪迪斯 / 遇見莫札特

22

023

然而，莫札特的音樂天賦卻是天生的，當他父親發現莫札特的天份，就放棄一切專心地教育他，並帶著他到處旅行和表演，也因為這樣，莫札特廣泛接觸當時歐洲各個不同的音樂領域，成就了日後阿瑪迪斯腦海中的旋律。一直以來，國外的教育方式都讓張芸京為之羨慕，教育小孩學會獨立思考、一個問題可以有不同的標準答案、看見孩子的興趣就立即全力支援…，在這裡，她感受到這般自由的教育風氣。

認真地去思考：『如果我是出生在國外，會不會現在也跟莫札特一樣在巡迴表演？』

天真的她，異想天開地以巡迴表演的姿態，在莫札特出生地前的空地繞起圈圈，一旁坐在露天咖啡座的外國人突然邀約，用手勢歡迎她一起坐下來，其中一位留著小鬍子的外國男子，看起來像是年輕時會穿著高腰牛仔褲和黑色皮衣騎著哈雷，用很滄桑的嗓音唱 Bruce Springsteen 的歌！令人印象深刻！一坐下來，他們馬上熱情的說：「先來杯啤酒吧！」

他們嘰哩呱啦的說著她聽不懂的德文聊天，他只好回以世界共通的語言—微笑，
與這群熱情的外國人來一場跨國際的交流。

mozarts
geburtshaus
莫札特出生地

Mozarts Geburtshaus

　　莫札特的家人曾經住在這裡的三樓共二十六年，從一七四七年至一七七三年，莫札特於一七五六年一月二十七日在此誕生，這裡是展示莫札特和他的音樂最齊全的地方，也是全世界最常被造訪的博物館之一。

這裡展示了他小時候用過的小提琴、作了許多曲子包括著名的歌劇魔笛的鋼琴還有莫札特去世的前兩年由他的姐夫—約瑟夫 · 蘭格所畫的珍貴肖像畫。二樓則有許多的立體模型表現莫札特對歌劇的熱愛，除此之外，還可了解莫札特與家人間的關係，同時展出曾經用過的家具及日常生活用品等等。開放時間平日為早上九點至下午五點半，七八月則開放至晚上八點，導覽須先提前預約。

地址　Getreidegasse 9, 5020 Salzburg
電話　+43 (0) 662 889 40 -0
網址　http://www.mozarteum.at/

CRASH AMADEUS / Track1 Mozart　衝撞 · 阿瑪迪斯 / 遇見莫札特

Track 2
Singing

為你 獻唱

" we ate the red berries "we ate the red berries
and fell into the pond i found myself in a dream
where all my worries were gone"

— Angus & Julia Stone ⟨Red Berries⟩

聖沃夫崗湖很美，彷彿置身在畫中，拍照時背景都變得
像 key 板一樣，好不真實。那位留著滿臉鬍鬚的船長，帶
著大家遊湖，當船駛離岸邊越遠，越能看清湖邊的小鎮風
景，一整排童話故事般的小木屋接連著阿爾卑斯山，眼前
景色完整地倒映在清澈湖面上，所有人在船上吹著微風享
受著，這樣的放鬆感有如高壓過後，心跳，規律平緩。

那時候，在我腦海中閃過一段旋律，
「I'm feeling good!」。

衝撞．阿瑪迪斯 / 為你獻唱

030

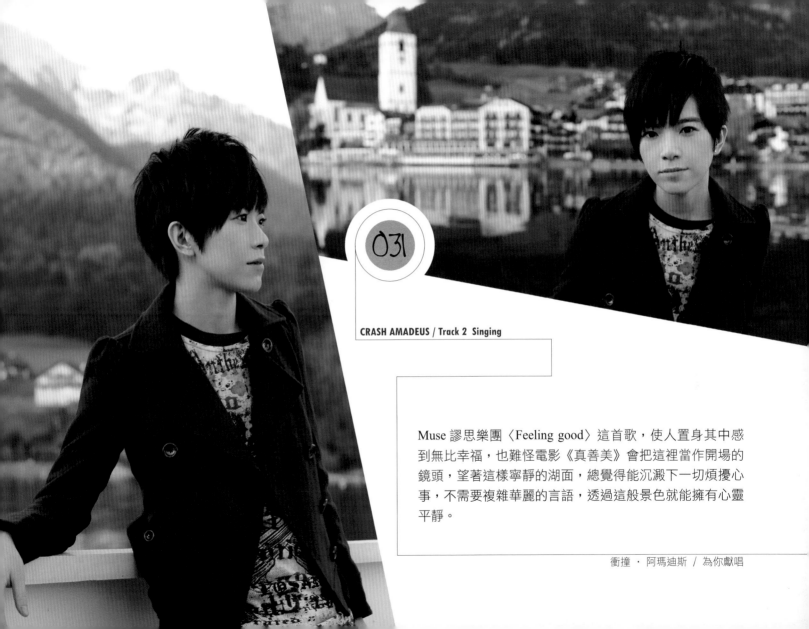

CRASH AMADEUS / Track 2 Singing

Muse 謬思樂團〈Feeling good〉這首歌，使人置身其中感到無比幸福，也難怪電影《真善美》會把這裡當作開場的鏡頭，望著這樣寧靜的湖面，總覺得能沉澱下一切煩擾心事，不需要複雜華麗的言語，透過這般景色就能擁有心靈平靜。

衝撞・阿瑪迪斯 / 為你獻唱

CRASH AMADEUS / Track 2 Singing

0
3
2 衝撞‧阿瑪迪斯 / 為你獻唱

曾經在歐洲各地旅遊的莫札特，據説生前最愛的地方就是
在聖沃夫崗附近的福許湖（Lake Fuschi），而莫札特母親
的故鄉聖吉爾根也在這裡。過去，莫札特為了離開薩爾茲
堡這個受限的創作空間，在母親的陪同下走訪過倫敦、慕
尼黑等許多城市，希望可以找尋音樂創作的另一個開始，
然而他的母親卻在巴黎病故，也使得莫札特對聖沃夫崗和
鄰近之地，有股難以抒發的情懷。

衝撞・阿瑪迪斯 / 為你獻唱

033

鳥兒緩緩飛過藍天，我們在船上吹著微風，這裡，是沃夫崗湖。
遠方一整排童話故事般的小木屋與阿爾卑斯山，
反射在清澈的湖面上，倒映出完整的倒影，
景色就這樣流動著，讓人感到無比幸福。

張芸京沒有任何音樂背景的出身，但家人卻很支持她走音樂這條路，就跟莫札特父親對他的培養及母親伴隨他四處尋找發揮的舞台一樣。小時候，爺爺常在家裡彈著得用腳踩，才發得出聲音的風琴，古典的旋律充滿在她和爺爺相處的時光裡，現在回想起來，爺爺彈風琴的模樣真像是一位古典音樂家。國小時，媽媽曾在奶奶留下的一堆廢棄物中，挖出一把佈滿灰塵「年久失修」的吉他，不曉得是爺爺的個人收藏，還是買給爸爸的。

「我還記得，當時我把吉他拿在手上，
感覺有一種音樂夢，強烈且堅定地傳承予我的感覺。」

有人說夢想不能當飯吃，但莫札特還是靠著歌曲賺進財富，而她，則是希望是靠著創作、歌唱、表演……，多面向的音樂型態去發揮自我，沒特別想過要賺大錢。

song List

> Muse — Feeling good
發自內心吶喊著『好幸福！太棒了！』
之歌

> 張芸京－讓我照顧你
不好意思說出口，但卻想讓父母親知道
的真情大告白之歌

> Jason Mraz — I'm Yours
用吉他自由自在的彈唱之歌

『錢財對我來說，只要可以溫飽就好了
那不是我的目的地。』

過去，她與爸媽比較不懂得溝通，也比較不會在乎彼此的
想法，以為只要有賺錢回家就算是報答父母了。然而現在，
漸漸體悟到社會步調的緊湊，加上這幾年滿檔的工作，讓
她更加珍惜與家人相處的時光。她的爸爸媽媽是屬於比較
悶騷的人，總是默默在台下關心著女兒，如果發現她有什
麼不對勁，也不會直接表達。

『也許就是他們這種善良又真誠的安靜性格，所以我才沒
有變成一個壞孩子吧。』

衝撞 · 阿瑪迪斯 / 為你獻唱

038

特別想跟爸爸媽媽說： 『你們的女兒長大了，會多花一點時間陪你們，不管我們擁有多少，希望我們都可以一起度過未來的日子。』

當船緩緩靠向岸邊後，楓葉隨風掉落在長椅上，一個人坐在這兒聽著音樂、看著遠方湖面的景緻，靜靜地感受景色流動，享受純淨的時光。她想著，幸福其實就是這麼簡單吧！經歷越多越能體會，不需要天天吃大餐才有幸福感，再多的金錢也買不到快樂，可是人們卻常常忘記，老去想還有多少慾望沒被滿足。因此， 『我常去提醒我自己，最大的幸福其實就是在身旁的家人。』

衝撞‧阿瑪迪斯 / 為你獻唱

Wolfgangsee

聖沃夫崗湖

交通　薩爾茲堡機場→聖沃夫崗
公車──路線 150 到 Bad Ischl 站
再轉路線 2560 至 Strol 站
渡輪──路線 2 到薩爾茲堡主要火車站 Hauptbahnhof
再轉坐渡輪至聖吉爾根

網址　http://www.stwolfgang.at/

　　聖沃夫崗湖是位於奧地利省內的一個冰湖，大部分在薩爾茲堡州內，沃夫崗湖長約 10.5 公里，湖中有一面積約 12.9 至 13.1 平方公里被薩爾茲卡默古特山脈所包圍，它連接里德、聖沃夫崗、聖吉爾根小鎮，其中聖沃夫崗及聖吉爾根為著名的旅遊景點，除了宛如仙境的美景外，也有豐富的旅遊活動安排，坐熱氣球、坐船遊湖、潛水、健行等，冬季則是熱愛滑雪的人必朝聖的地方，周邊有許多的度假旅館、餐館，以及商店街，廣場上也常有戶外音樂演奏表演。

Track 3

Sister

手足

"we ate the red berries "we ate the red berries
into the pond "we ate the red berries
and myself in a dream
where all my worries were gone"

— Angus & Julia Stone ⟨Red Berries⟩

044

CRASH AMADEUS / Track 3 Sister

坐在馬車上遊歷薩爾茲堡舊城區時，總覺得這好像是一個
會移動的舞台，第一次站在馬車上的情緒，除了期待，還
有一絲絲的不安，表面上看似很優雅，可身體其實僵直地
無法動彈。不過，隨著馬蹄踏在石板路上發出「噠噠噠」
的聲響，彷彿化成 Muse 謬思樂團〈Knights of Cydonia〉
吉他前奏，彈出「登登登」節奏，化解了她的緊張，每回
上台表演前，這首歌總是帶來一股
的力量！

「衝吧！張芸京」

衝撞 · 阿瑪迪斯 / 手足

CRASH AMADEUS / Track 3 Sister

衝撞・阿瑪迪斯 / 手足

她突然很想駕著馬車在城市中一直奔馳，
一直奔馳，像一個中世紀的騎士，
穿梭過大教堂、卡比第廣場、
方濟各教堂、主教府邸，
馬蹄踏在石板路上發出「噠噠噠」的聲響，
激起一片塵土飛揚！

那段「噠噠噠、登登登」的音樂律動一直環繞在耳邊,使她不再那麼畏懼馬車上的顛簸,突然間很希望自己就這樣駕著馬車在城市中四處奔馳,像一個中世紀的騎士,穿梭過大教堂、卡比第廣場、方濟各教堂、主教府邸。

『我知道自己已經在這條路上了,只需專注於眼前,太緬懷過去、太嚮往未來,就會忘了現在的努力,也會忘了感謝此時在你身旁的人。』

衝撞 · 阿瑪迪斯 / 手足

我們不曉得終點在哪,但總得先放手一搏……

048

搭配著整點響亮的鐘聲,在耳邊環繞之際,馬車巡禮也跟著結束。行走在莫札特廣場上,巧遇兩位在街頭演唱的女學生,坐在主教府邸旁的街道轉角,她們微笑著、吉他彈著、擺動起身體唱著,一旁不時有響亮的鐘聲餘音迴盪,陽光底下的她們看起來好耀眼,張芸京忍不住加入其中,敲著節奏,一起坐在歐洲街頭唱著歌,真的好舒服!

CRASH AMADEUS / Track 3 Sister

「我的腦子裡突然浮現 James Morrison 就站在街口自彈自唱 You make it real 的畫面」

這種純粹、隨心所欲的感覺,讓音樂變得很單純,她說過:

「哪裡有吉他,哪裡就是我的舞台」

雖然沒什麼人停下腳步聽聽,每個人都匆匆地走過,但此刻,能把整座城市都當作聽眾,唱給「奧地利」聽的那種心情,世界變得很簡單、很純粹。

CRASH AMADEUS / Track 3 Sister

與街頭演唱的女學生一起合奏表演的氣氛，輕鬆愉快，像是回到學生時代，她腦裡浮現出和妹妹在家裡亂哼著歌、彈彈吉他，偶爾聊天、偶爾鬥嘴的景象。升高中後，練習吉他的那段時間，就讀國中的妹妹也跟著一塊學，後來妹妹還在畢業典禮時表演吉他，那陣子她每天都在幫妹妹特訓，一起挑了五月天的〈擁抱〉這首歌來當作表演曲目，看到妹妹小小年紀就站上舞台，獨自彈著吉他表演的勇氣，讓她這個姊姊感到很驕傲！

那就是我們姊妹間互動親密的時刻。

衝撞‧阿瑪迪斯 / 手足

與兩位女學生揮手道別時,她突然看見自己過去在地下道演唱的模樣,那時,年輕的內心有很多衝勁,也有很多掙扎、矛盾與現實生活的壓力。神童莫札特也有個音樂造詣很強的姊姊,但他的姊姊很早就嫁為人婦,家人因此在他身上投入更多的關懷,使他背負了很多期許的壓力。

「我的家人,對我就是全力支持,從不會給我太多的壓力。」

衝撞 · 阿瑪迪斯 / 手足

052

053

CRASH AMADEUS / Track 3 Sister

『最親近的妹妹也朝著音樂路邁進，我們成為生命中互相 Cover 的伙伴，也是彼此音樂路上最忠實的粉絲。』

『妹妹，當我們面對夢想的時候，都曾有過想放棄的念頭，或是自我懷疑的心情，總懷疑自己是否真的有能力，總想著為什麼達不到最完美。也許我們都一樣，只是單純地想做自己想做的，做自己喜歡做的。當我踏上自己的夢想後，回過頭來看，其實這一切都想太多了。』

相信『只要夠堅定、夠堅持、一切都會成真。』

衝撞・阿瑪迪斯 / 手足

Mozartplatz
莫札特廣場

　　莫札特廣場是薩爾茲堡舊城區的中心，廣場中有莫札特的紀念碑，一八四二年九月舞日由莫札特的兒子揭幕，然而莫札特的妻子康斯坦茲，卻在揭幕的六個月前過世在位於 Mozartplatz 的房子，沒能看到為自己先生揭幕的光榮時刻。

　　莫札特廣場周邊有主教府邸（Residenz）、聖彼得修道院（Erzabtei St. Peter&Friedhof）、莫札特出生地（Mozarts Geburtshaus）等著名景點，格特萊第街（Getreidegasse）上則有許多咖啡廳、餐館、精品店、紀念品店等等。

　　薩爾茲堡的著名景點大部分集中在舊城區，點與點之間都很近，徒步即可走完，可購買薩爾茲堡卡，可免費進入薩爾茲堡各景點以及不限次數轉搭交通工具，如有任何旅遊上的問題可洽薩爾茲堡旅遊服務中心，旅遊服務中心即位於莫札特廣場，網站上貼心提供各式地圖下載。

地址　mozartplatz 5020, Salzburg

CRASH AMADEUS / Track 3 Sister　衝撞 · 阿瑪迪斯 / 手足

Track 4

Alone

和 自己 獨處

" we ate the red ~~berries~~
and fell into ~~a~~ pon ~~and ate~~ the red berries
i found myself in ~~a~~ ~~dream~~
where all my worries were gone "

— Angus & Julia Stone (Red Berries)

莫札特從六歲第一首作品小步舞曲開始，到三十五歲生命
最後的《安魂曲》為止，終其一生都在創作，即便晚年窮
困潦倒、家財散盡，仍舊完成聞名世界的歌劇《魔笛》。
雖然孤單成了他的代名詞，但莫札特創作出來的音樂卻是
那麼輕鬆愉悅的，讓人在面對孤獨時，找到心靈的寄託，
讓世界變得更加動人。

不止創作的時候是孤單的，身為人，大部份的時間都是一
個人。當張芸京與自己獨處時，她會彈彈吉他、敲敲鋼琴，
不刻意去寫歌、或做些什麼，只是單純地和音符相處。

『我想找回我渴望音樂的那份熱情』

衝撞・阿瑪迪斯 / 和自己獨處

058

CRASH AMADEUS / Track 4 Alone

0 5

9 衝撞・阿瑪迪斯 / 和自己獨處

對她而言，有個能夠讓她舒服自在的空間很重要，
可以忘記附加在身上的一切，
就像融入一團軟綿綿的白棉花一樣，
那是一個留給自己與自己相處的空間，
彈吉他或聽音樂時，她就像是在一團棉花之中，
像漂浮在透藍的海面上。

CRASH AMADEUS / Track 4 Alone

獨處的時候，也可以讓她好好整理自己，為了面對不同的
環境和壓力，有些時候，可以清楚地分辨什麼時候該把面
具拿下來，什麼時候該變換不同的面具。然而，面具一層
一層戴上越加越厚，每當孤單寂寞來臨，清晰又凌亂的思
緒，反而模糊了現在的狀態，這個她，究竟是偽裝的面具
還是真實的自己？

衝撞・阿瑪迪斯 / 和自己獨處

CRASH AMADEUS / Track 4 Alone

『我看著鏡子後面皺著眉的我
很孤單她有話想說
像天空不會永遠都是藍色的
有陰天你才會抬頭
走穿多少的巷弄 笑了哭了
有三四個人愛我
我想要一個亂了數字的時鐘
我想做一個完全
相反的我 …』

衝撞 · 阿瑪迪斯 / 和自己獨處

063

雖然高中選讀的是廣設科，她卻是在那時候察覺自己真正
的渴望，確定自己要朝著音樂之路邁進的。在這條路上跌
跌撞撞，吃過很多苦頭，但她那顆越挫越勇的好強心，越
去碰撞，才越感覺到自己真正存在，才能感受到自己真的
有進步、有成長了。幾年前和超偶的伙伴們一起前往內地，
因節目內容無法事先排演，在時間的壓迫下，大家選擇犧
牲睡眠，盡心盡力地去編排自己的演出，那時候的每一天，
對自己的身心靈都是一種疲勞轟炸，也是對自己意志力的
極限挑戰，那次《名師高徒》的節目比賽，成為她曾經感
受最痛苦卻也是最滿意的演出。

衝撞‧阿瑪迪斯 / 和自己獨處

064

065

每當唱歌時，她總會提醒自己要真誠地詮釋情感、真心地去打動人，唱歌不只是表達旋律，更要把情感投入在歌詞裡，如果表演一首歌，把歌詞換掉也沒什麼分別的話，那代表自己對表演不夠真誠。

真誠，透過歌聲的傳遞，是會被聽見的。

衝撞・阿瑪迪斯 / 和自己獨處

獨處的時候，可以讓她好好的思考自己，
一直以來，像是戴了一層層的面具，
但每當感到孤單或寂寞時，
過於清晰的思緒，反而無法分辨自己現在的狀態，
是偽裝的面具還是真實的自己？

Track 5

Stage

上 舞台

"we ate the red berries "we ate the red berries
and fell into the pond found myself in a dream
where all my worries were gone"

— Angus & Julia Stone 〈Red Berries〉

CRASH AMADEUS / Track 5 Stage

距離現在約一百四十六年以前，國家歌劇院首演的歌劇即
是莫札特的《唐喬凡尼》，當今的維也納歌劇院也被視為
全世界最重要的歌劇院之一，這裡是莫札特將作品發光發
熱的舞台，從環城大道上面向國家歌劇院，可以看見它的
外觀華麗嚴謹，建築頂端有著五座青銅雕像，由左向右分
別象徵英雄主義、悲劇、魔幻、喜劇和愛情，彷彿是守護
著舞台的侍衛一般。

衝撞 · 阿瑪迪斯 / 上舞台

0
7
1

衝撞 ‧ 阿瑪迪斯 / 上舞台

古老的建築就像一本泛黃、頁角已破損的書，歷經許多人
來來往往的翻閱，有的人仔細讀過，有的人隨便翻翻；有
些歷史深層的痕跡殘留了下來，有些卻僅是過往雲煙，交
替凝視著古老與近代的建築就能深刻體會。無論如何，這
些古老的建築添加了許多迷人的故事與豐富的情感，如同
音樂一樣，創作者想要表達的情感，聽在每個人的耳裡，
所得到的感觸都不盡相似，有時聆聽者的反應與回饋，遠
超乎創作者自己對歌曲的想像。

衝撞‧阿瑪迪斯 / 上舞台

073

〈偏愛〉這首歌就帶給張芸京這種出乎意料的感覺,當時在錄音時,她單純以音樂的直覺去唱,沒有特別在乎哪裡該停頓?轉音?或是收放情緒,把這首歌唱得很直、很大器,毫無保留地把歌曲的感受力唱出來。沒有設想太多的詮釋卻得到多數人的認同,不是主打歌卻得到很多人的喜愛,得到的肯定讓她驚訝也令她驕傲,現在則深深被她偏愛著。

談起電影音樂,《曾經,愛是唯一》(Once)這部片中,男女主角兩人在街頭相遇、相戀,共同譜寫、排練著一首首記錄他們的愛情音符,〈Falling Slowly〉這首歌只用了簡單的和弦就輕易征服了張芸京,每聽一次,那旋律就彷彿潮浪推進一般襲捲而來。莫札特認為音樂必須使聽者如沐春風,這首歌對她而言也是如此,她曾經以為音樂要透過複雜的節奏、華麗的技巧才可能征服人心,現在逐步明白原來最淺白的音符,才能直入心坎,這首歌影響了她音樂創作的想法。

「聚集聽眾的「凝聚力」,是一個有影響力的歌手必備的條件。而我,正在朝著這目標努力。」

古老的建築，
添加了許多迷人的故事與豐富的情感，
如同音樂一樣，創作者想要表達的情感，
聽在每個人的耳裡，所得到的感觸都不太相似，
有時聆聽者的反應與回饋，
遠超乎自己對歌曲所想像的。

一直以來,她都希望自己在音樂上可以表現出真實的感
覺,也一直努力想讓大家聽見音樂的本質,專注於音符、
旋律,專注於她在歌唱時想要傳達地情熱與感情,渴望在
舞台上自在表演,不一定要有搶眼的招式,不想要為了突
破而炫技,耀眼的外在並不是那麼重要,很自然地在舞台
上展現,那顆真正喜歡音樂的心。

衝撞 · 阿瑪迪斯 / 上舞台

在舞台上，也有狀況不好的時候。張芸京在超偶演唱〈白月光〉這首歌時，因為忘詞而被淘汰，在那之後，她有段時間像是突然失去歌唱的能力般，陷在懊悔的情緒中出不來。有次在中山足球場的大型演出上，因為當時天氣冷、身體狀況不好，唱歌時還數度聽不見自己的聲音，當下就明白這場表演毀了！這兩次失常的演出，都曾讓她感到很沮喪，但如果因為這樣就被打敗，她會更加氣憤自己的低落。

「我不會哭太久，因為我要為了心裡面的盼望與光奮戰。」

「我們血裡帶有一種成分，就算累了趴了豁出去啦都沒在怕；夠澎派，一句話，就接受挑戰；音樂下，燈光亮，就該輪我們登場。」

我們血裡帶有一種成分　就算累了趴了豁出去啦都沒在怕
夠澎派　一句話　就接受挑戰
音樂下　燈光亮　就該輪我們登場

Wiener Staatsoper

國家歌劇院

維也納歌劇院被視作全世界最重要的歌劇院之一，同時還是世界上演奏最多曲目的歌劇院。

　　國家歌劇院平日可參觀,在一樓的主廳、中央華麗的樓梯、皇帝佛朗茲約瑟夫一世的沙龍在二次大戰時沒有受到炸彈的破壞,其中還有雕刻家 Josef Cesar 所雕塑的具體表現七個藝術學科的雕像。

　　另有歌劇院博物館可參觀,講述劇院歷史、演出節目、舞台及服裝設計等等,並且有多種商品可購買。可預約導覽,如果不曉得該如何買票的話,可向在劇院外穿著披風的男子詢問,他們會一一介紹音樂會內容及票價,如果預算不夠可選擇便宜的站票。

地址　Opernring 2, 1010 Wien
電話　+43(1) 51444-2250
交通　地鐵— U1, U2, U4 ／電車— 1, 2, D, J, 62, 65
　　　公車— 59A 坐至 Karlsplatz 站或 Opera 站
網址　http://www.wiener-staatsoper.at/

"we ate the red berries "we ate the red berries
and fell into the pond found myself in a dream
all my worries were gone"
— Angus & Julia Stone (Red Berries)

CRASH AMADEUS / Track 6 Moment

行經歐洲最大的博物館區，裡頭有著各種主題的展館，
MQ 藝術特區中擺放出各樣的科技藝術，像是影像裝置、
攝影、電影等等，看見很多青少年在博物館區的造型椅上
吃東西、玩耍，張芸京忍不住也像個孩子一樣對著鏡頭擺
弄許多逗趣表情。她自己拍照的時候，很喜歡採斜角去拍。

「我不害怕肉眼所見到的世界有多混亂，因為我的裡面比世界還大。」

其實有時候我們會被自己的眼睛所騙，太習慣用同一個角
度去看待事物，一件事會有許多不同的面向，全由你決定
用什麼角度去看它。很多人會問為什麼要作藝人？藝人會
失去很多的自由，一舉一動被放大檢視，要面對莫須有的
言論，要作些迎合市場的事，但如果從這個角度看，那麼

「堅定自己，平靜自己的心，就是最重要的一件事。」

衝撞・阿瑪迪斯 / 樂團

CRASH AMADEUS / Track 6 Moment

最初受到五月天的影響，她覺得搖滾有改變世界的力量，
於是起了組團的念頭，擁有夥伴一起在台上共同表演的感
覺，對她來說一直是件絕對開心的事。

那時候一起待在練團室，不管幾個小時都不會感到辛苦，
因為有彼此作伴，所以上台不會緊張；在地下道表演時，
沒有人潮圍觀，也能互拍肩膀安慰，激勵彼此明天會更
好！

衝撞‧阿瑪迪斯 / 樂團

087

CRASH AMADEUS / Track 6 Moment

就在這樣的互相陪伴努力下，街頭表演的收入慢慢從零元到幾千塊，雖然不多但對當時的團員來說，著實是一種鼓勵！每當結束表演以後，拿著這些微薄的收入犒賞一下自己，找間速食店大吃大喝，討論專輯該怎麼做、把喜歡的歌改成理想的調調……。她總是扮演那個愛叨唸、很囉唆、又嚴格的角色，希望樂團在士氣萎靡時能振作、在得到肯定時不會得意忘形，雖然彼此偶爾會有小抱怨，卻也更凝聚了團員之間的真實情感，這樣的生活模式一直是她所嚮往的音樂生活！

如果說五月天是她組團的原動力，那麼，Muse 謬思樂團就是陪伴她創作音樂的心靈導師。他們的音樂擅長融合古典與搖滾，顯現出華麗的巴洛克風格，每一次聆聽他們的音樂，都好像進入特別的時空，有種渾然忘我的感覺，旋律中摻雜現代、古典、交響樂，對她而言，Muse 不只是一般的樂團、也不是一般的搖滾樂這麼簡單，沉浸在他們的音樂裡，每每都能帶給她奇妙的感受與心靈上的收穫。

「創作，就是從生命一點一滴累積起來的。」

衝撞・阿瑪迪斯 / 樂團

在籌備《相反的我》專輯時，她不停地寫，也不停地被退貨，回想起過程雖艱辛掙扎，最終在音樂得到肯定認同的當下，就會覺得一切的痛苦都值得了！每當創作遇到瓶頸時，她會播放當時和筆醬團員們一起寫的〈1030〉，找回創作最初的靈感泉源。那時候的大家都像憂鬱青年似地，對青春有太多的情緒需要宣洩。

『悲傷 絕望 遲鈍 愚昧
　自怨 卑劣 崩潰 忽略
　妳跪著哭泣 我無能為力
　妳撕裂著怒吼 我無能為力
　妳默禱著低訴 我無能為力
　你放逐著奔逃 我無能為力…… 』

衝撞・阿瑪迪斯 / 樂團

092

歌詞寫得很悲傷、很絕望，卻也忠實記錄下當時的年少輕狂、情感拉扯的無能為力，〈1030〉這首到現在，是每個團員都還很有感覺、很得意的作品，也收錄在張芸京的第一張專輯裡，這份執著的感覺顯得特別有意義。

093

> 筆醬樂團－一定被拋棄
　第一次創作的歌曲

> 筆醬樂團－ 1030
　組團時最得意的創作

> Jason Mraz ─ Live high
　對未來期待的歌

CRASH AMADEUS / Track 6　Moment

結束 MQ 藝術特區的悠哉溜晃，她走在最後看著工作人員的身影，在這陌生的氛圍下會使人產生有種浪跡天涯，卻又為了同一個目標努力的獨特感！這些和伙伴在一起才有的微妙時刻，讓她哼起這首 Jason Mraz〈Live high〉，和伙伴一同在路上奔向未知，夾帶著期待未來的心情──「Just take it easy and celebrate the malleable reality ／ See there's nothing that's ever as it seems ／ This life is full of dreams」

衝撞・阿瑪迪斯 / 樂團

『一個人走，好孤單，所以我渴望被暸解，渴望擁有一起忘我投入音樂裡的夥伴。』

Museum Quartier

MQ 藝術特區

MQ 擁有接近五十項的文化設施，是全世界十大博物館區之一，有多種不同類型、不同領域的藝術創作，其中包括的展覽館及劇場有：維也納建築中心、作為舞台劇表演的維也納森林、維也納藝術館、利奧波德美術館、現代藝術博物館、擁有時尚及工藝設計的二十一號展區、維也納舞蹈中心、ZOOM 兒童博物館。

除了藝術欣賞外，當中也有各式餐館及咖啡廳可度過悠閒的午後，藝術商店提供許多設計產品和設計書籍可購買。

地址　Museumsplatz 1, A-1070 Wien
電話　+43(1)523 58 81-1730
交通　地鐵— U2 到 museumquartier 站
網址　www.mqw.at

Track 7
Together

三五 好友

100

CRASH AMADEUS / Track 7 Together

中央市集就和台灣的夜市一樣，只是沒有打彈珠和射氣
球。這裡集匯各國料理，整個市集都有可以站著喝酒的地
方，洋溢著異國情調，賣場擺放著許多顏色鮮豔又外表奇
特的料理，讓人好奇卻又不太敢嘗試。在這裡用餐感覺比
較輕鬆、消費也比較便宜，沿路上的老闆都對著大家喊著
「こにちわ！」，見大家沒反應的就改喊「你好！」沒想
到這裡的市集老闆，也跟夜市老闆一樣很熱情地招呼異鄉
來的客人，一路上都有種受到擁戴的感覺！

CRASH AMADEUS / Track 7 Togeth...

私底下的張芸京，很喜歡吆喝朋友到家裡聚餐吃飯，每次
到賣場採購食材，她總是毫不手軟地在購物車上塞東西，
就怕到時候會吃不夠！張芸京的聚餐宗旨就是：『買到
炸開、吃到撐掉！我的朋友們大概就是這樣被我養胖的
吧！』除了聚餐外，她也愛在 KTV 飆歌，每次到 KTV 有
個固定習慣，就是會先唱一堆慢歌、暖一下嗓子，接著就
會嚴禁大家靠近點歌機，開始點播一連串的快歌，逼大
家一起搖擺身體做運動，因為她覺得唱歌的氣氛一定要
High ！所以每當朋友們開始覺得太久沒有運動，骨頭硬梆
梆的時候，就會揪她一起去歡唱，因為有張芸京在，是不
會讓包廂有任何尷尬或冷場時刻的！

衝撞‧阿瑪迪斯 / 三五好友

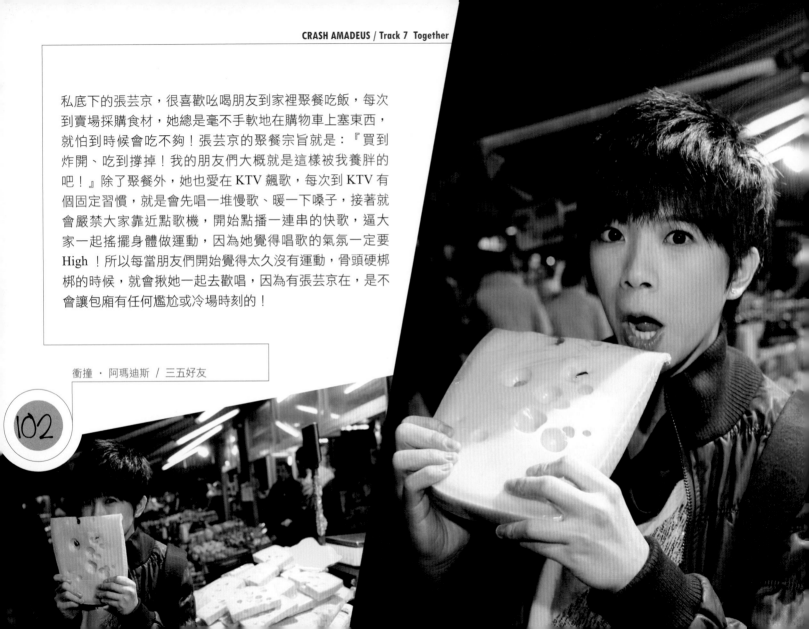

Pfefferoni mit Käse
scharf
100 gr. - € 2,20

Gefüllte Weinblätter
mit Reis
100 gr. - € 2,20

Tomaten mit Käse
- € 2,20

Yellowbell
100 gr. - € 2,20

Datteln mit
Prosciutto

成為藝人後，也許和朋友們在表面上形式比較疏離，但在
彼此內心的友誼是不曾改變過的，她是個很重視朋友的
人，過去的死黨至今都仍有聯絡，偶爾想起那段彷彿永遠
用不完的青春歲月：大考過後的瘋狂慶祝，一考到機車駕
照，就迫不及待的在當晚從台北市區騎到新店碧潭一帶，
再騎回家，臉上總不自覺地透露出竊喜的表情，那時候的
每天，都可以為了一點小事而慶祝，什麼事都要一起行動。

現在，她最想和這群朋友做的，就是一塊旅行吧！不論是
露營、冒險還是看場演唱會都好。

「有一些默契，只有我們自己懂，我最親愛的朋友。」

『明天心也要作伴　也要勇敢
　不管是否天涯兩端
　只要是情意夠長
　緣就不短　常常聯絡　不准懶散
　明天心也要作伴　也要自然
　就像現在真誠簡單
　有事你要人商量　我最喜歡
　歡迎找麻煩…』

衝撞・阿瑪迪斯 / 三五好友

104

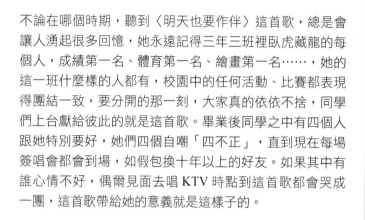

不論在哪個時期，聽到〈明天也要作伴〉這首歌，總是會讓人湧起很多回憶，她永遠記得三年三班裡臥虎藏龍的每個人，成績第一名、體育第一名、繪畫第一名……，她的這一班什麼樣的人都有，校園中的任何活動、比賽都表現得團結一致，要分開的那一刻，大家真的依依不捨，同學們上台獻給彼此的就是這首歌。畢業後同學之中有四個人跟她特別要好，她們四個自嘲「四不正」，直到現在每場簽唱會都會到場，如假包換十年以上的好友。如果其中有誰心情不好，偶爾見面去唱 KTV 時點到這首歌都會哭成一團，這首歌帶給她的意義就是這樣子的。

「誰說你們不正！在我心裡，你們最正也最真。說好了，明天心也要作伴！」

衝撞 · 阿瑪迪斯 / 三五好友

105

張芸京很重視朋友，也很喜歡結交朋友，所以能夠和不同族群的人接觸，對她來說是一件很有趣的事，可以聽到不同的人生故事，改變自己固有的觀點。

這裡的人們親切、有禮，微笑對人也很懂得幽默，和他們相處讓人不自覺放鬆又自在，
但她不論身處哪裡，不論這裡有多少迷人的光景，她仍然會想家和可愛的朋友們。

Naschmarkt

中央市集

SIZILIANISCHE
OLIVEN AUS PALERMO
XXXL
10dag......2,4.--

中央市集自十六世紀起就已經存在，如今你可以在這買到來自世界各地的新鮮的水果以及蔬菜，異國風味的香草、起士、麵包、肉類、海鮮等豐富食材，另外還有很多小餐館，日式、中式、傳統維也納食物等，當然除了吃東西之外，這裡也有販賣服飾及首飾的店面，不同於市區內的高級餐廳，充滿的異國及悠閒的氛圍。

禮拜六時則會有跳蚤市場，禮拜日沒有開放。

地址　在 Karlsplatz 和 Kettenbrückengasse 之間
交通　地鐵— U4 到 Kettenbrückengasse 站
　　　　或 U1, U2, U4 到 Karlsplatz 站
網址　http://www.wienernaschmarkt.eu/index.html

超大起司！YEAH ☺

Track 8

Love

埋藏 的 愛情

來到了這個位於小巷內的「費加洛之家」，是莫札特一七八四年九月至一七八七年四月之間在維也納所住的地方，一踏進去好像時間倒流至三個世紀前。這裡總共有三層樓，一樓是莫札特和他的家人真正住過的地方，其中有四個大房間，兩個小房間和一個廚房，他在這裡生活了三年多，朋友、客人、資助者、劇院官員等人也都在這扇門來來回回進出，莫札特也在這兒，創作出了歌劇史上的重大鉅作《費加洛婚禮》。

《費加洛婚禮》是由莫札特和義大利劇作家羅倫佐‧達‧彭堤（Lorenzo da Ponte）一同合作改編波瑪謝（Beaumarchais）的同名原著，由於故事諷刺皇室的複雜愛情關係，在法皇路易十六時期還曾被禁演。於是他們把內容中涉及政治批判意味的部分刪除，改用比較詼諧輕鬆的方式去表現這齣歌劇，故事主要環繞在僕人費加洛、蘇珊娜、伯爵與伯爵夫人之間荒謬交錯的愛情關係，其實這情節背後真正所要傳達的是對貴族不合理的制度和權威宣示挑戰，雖然是在批評貴族的戲劇，但這首《費加洛婚禮》至今仍是許多婚禮上最常用的幸福古典樂，詼諧批評和洋溢幸福共存，古典音樂的魅力就是這般奇妙。

1

1

3

衝撞·阿瑪迪斯／埋藏的愛情

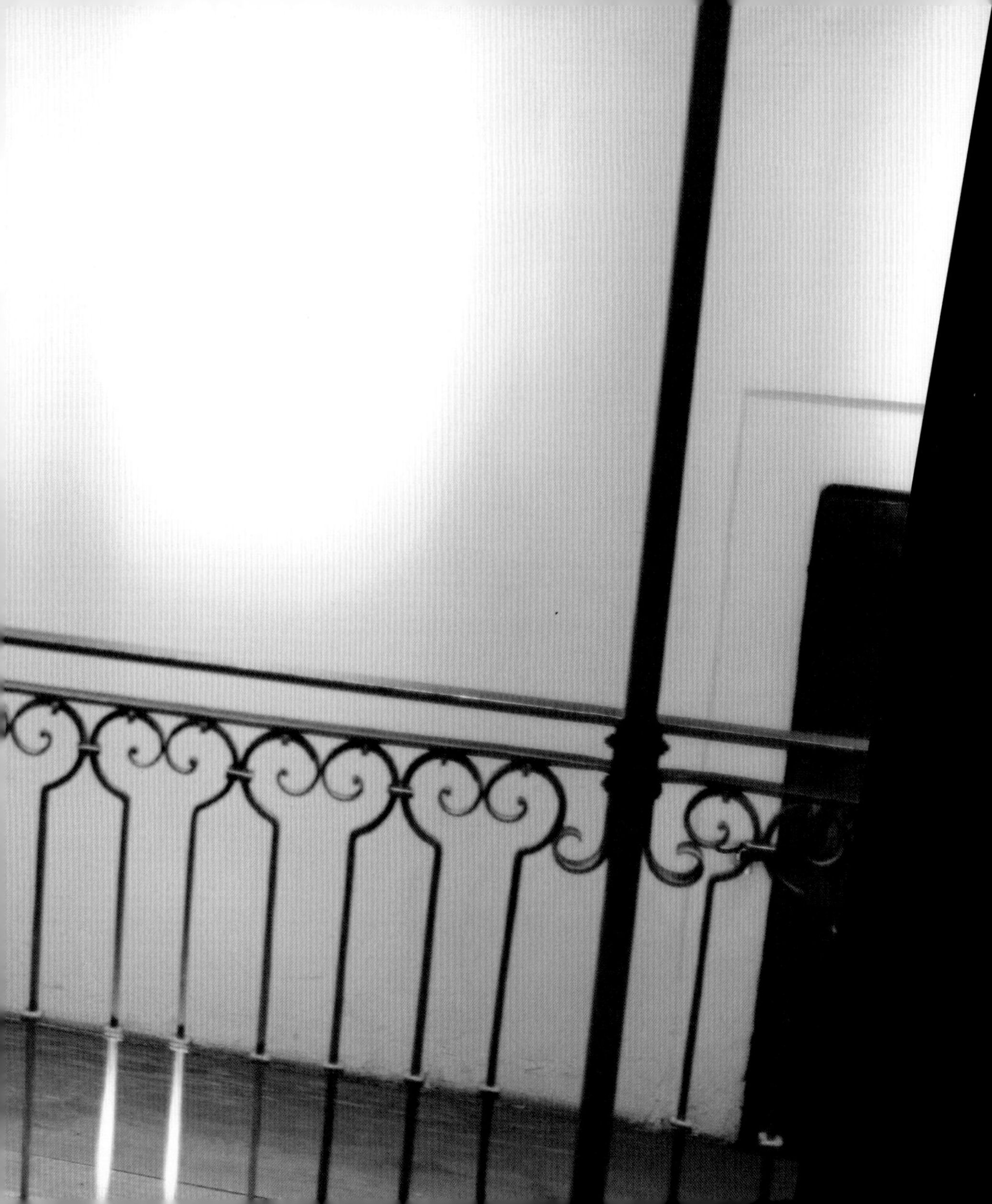

song List

> **五月天－彩虹**

戀愛初期患得患失的複雜心情之歌

> **張懸－寶貝**

『好肉麻喔！』熱戀時的歌

> **張芸京－戀人的時尚生活**

對另一半訴說心情之歌

> **五月天－溫柔**

失戀時幻想另一半還存在其實是自我安慰之歌

> LA・LA・LA LOVE SONG（MIDNIGHT PIANO VERSION）**－久保田利伸**

『我戀愛了！』之歌

或許，我們都該勇敢去愛
當愛情萌芽時就表白、就去追求
愛情是不分性別、年紀、錢財、外貌的
我相信只要還能夠愛與被愛
在相互的某一個瞬間就能感動彼此

CRASH AMADEUS / Track 8 Love

張芸京最喜歡的一首關於愛情之歌，就是張懸的〈寶貝〉，
第一次聽可以感受那種一起牽著手在河堤散步，平凡幸福
的感覺，第二次聽則有著給你甜蜜，伴隨你進入夢鄉的情
境，真的也很適合作為唱給小朋友聽的睡前晚安曲。

衝撞 · 阿瑪迪斯 / 埋藏的愛情

愛情，就像是有一個人總是記得你愛吃什麼，總是懂得靜靜聆聽你的一切、陪你成長，不在乎你睡醒頭髮亂翹的樣子，不在乎你的外貌，也能陪你開心歡笑……，這是張芸京心中的愛情方程式。喜歡上一個人沒有原因，感覺對了愛情就來了，來得很快，稍稍沒有把握就會錯過。或許，人們都該勇敢去愛，當愛情萌芽時就表白、就追求，不分性別、年紀、錢財、外貌……，她想起〈LA LA LA LOVE SONG〉，這首有點俏皮，又充滿勇氣的歌，相信只要還能夠愛與被愛，在某個瞬間彼此感動、愛慕，都是幸福，也都該好好珍惜。

『在我知道我將跌落成小碎片之前
　讓我緊緊抱著你　讓你感到開心
　看不見宇宙的夜晚
　You are my shinin' star
　這不要緊　我能看見你存在
　And I wanna be your shinin' star...』

衝撞・阿瑪迪斯 / 埋藏的愛情

關於失戀，五月天〈溫柔〉這首歌的尾聲──「如果有，就讓你自由」，彷彿述説在走過這一切之後，才想起你和我是不是都忘了該好好珍惜過去那些相處的時光？何必總是感傷彩虹的短暫，應該微笑地感謝上天創造那瞬間的美麗愛情……

阿瑪迪斯 / 電頻的愛情

118

CRASH AMADEUS / Track 8 Love

衝撞．阿瑪迪斯／埋藏的愛情

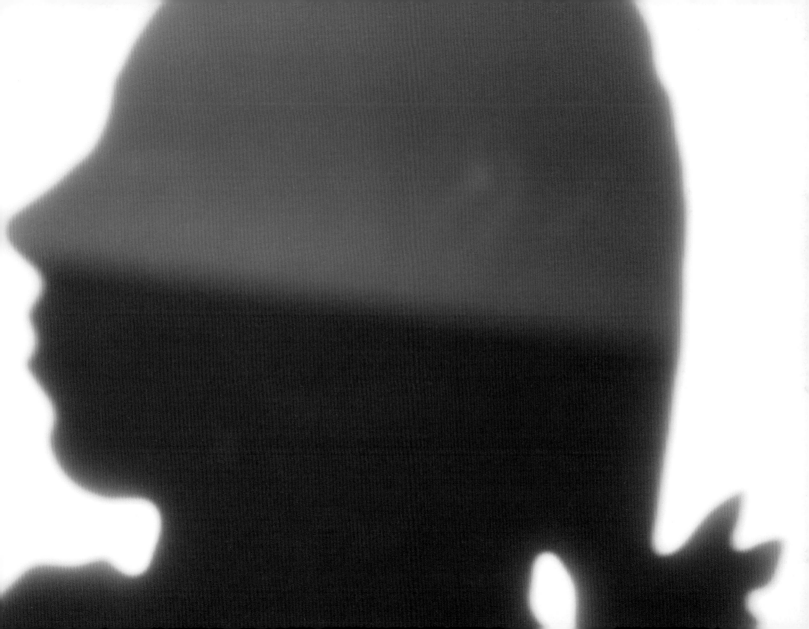

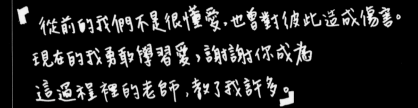

> 從前的我們不是很懂愛，也曾對彼此造成傷害。現在的我勇敢學習愛，謝謝你成為這過程裡的老師，教了我許多。

她不會活在負面的情緒裡，愛情發生了，她會珍惜；失去了，她會謝謝對方陪伴的這段時間。

每個人或多或少都曾在愛情裡受過傷，五月天〈彩虹〉歌詞裡描述：「你的愛就像彩虹，雨後的天空／絢爛卻叫人迷惑，藍綠黃紅（你的輪廓）／你的愛就像彩虹，我張開了手，卻只能抱住風……。」所以有人說：「不在乎天長地久，只在乎曾經擁有。」當感情發生變化的時候，能做的是放手，若戀情想要繼續下去，就得回頭看看自己是不是哪裡做錯了？千萬不要忘了彼此曾經擁有的美好片段。

衛蘭 · 和愛無關 / 生命的事情

123

Mozarthaus

費加洛之家

　　位於小巷內的費加洛之家，一樓是莫札特和家人真正住過的地方，從一七八四年九月一直到一七八七年四月，其中有四個大房間、兩個小房間和一個廚房，他在這棟房子裡寫下了著名歌劇《費加洛婚禮》。

二樓主要展示莫札特的音樂世界，和他同個時期的重要音樂家，還有他的競爭對手們，另外有歌劇《費加洛婚禮》及《唐喬凡尼》的介紹。三樓則是莫札特在維也納的生活，玻璃窗內展示了一些歷史文獻，還可以深入了解莫札特的個性、休閒娛樂及他的生活品味。平日開放時間從早上十點到晚上七點。

地址　Domgasse 5, A-1010 Vienna
電話　+43-1-512 17 91
交通　地鐵— U1,U3 到 Stephansplatz 站
網址　http://www.mozarthausvienna.at/

CRASH AMADEUS / Track 8 Love ｜ 衝撞 · 阿瑪迪斯 ／ 埋藏的愛情

125

Track 9

Happiness

愛 與 幸福 的歌

米拉貝爾花園擁有全世界最美麗的婚禮大廳，據説如果有
計畫要來這裡舉辦婚禮，至少要提前一年預約才約得到！
在這裡遇到了很多拍結婚照的新人，站在旁邊看就充分感
受到那種幸福洋溢的氛圍，雖然現在張芸京還沒想過結婚
這件事，但仍嚮往未來自己的婚禮能舉辦得很 Rock，放著
最愛的音樂、畫上煙燻妝、穿著與眾不同的搖滾禮服，別
人丟捧花，她丟把吉他，拿 Pick 當作是送客禮，宴客地點
也許就選在一望無際的草原上吧！

衝撞 · 阿瑪迪斯 / 愛與幸福的歌

130

這裡除了是結婚勝地外，同時也是電影《真善美》（Sound of music）的拍攝場景之一，瑪麗亞帶著小朋友邊跳著舞邊唱著歌的地方，來到這兒，可以看見很多人俏皮地踏著階梯唱著〈Do Re Mi〉，米拉貝爾花園繚繞著瑪麗亞與小朋友們歡樂的合聲，「So- Do- La- Fa- Mi- Do- Re-」，不管這部電影已過了多少年，仍能為這座花園渲染上輕鬆歡愉的色彩。

衝撞．阿瑪迪斯／愛與幸福的歌

CRASH AMADEUS / Track 9 Happiness

衝撞‧阿瑪迪斯 / 愛與幸福的歌

電影裡瑪麗亞說：「孩子們，一旦你們記熟這些音符，就能藉著把音符組合起來，唱出百萬種不同的歌曲。」創作音樂總是渴望有所突破，希望有些「新」東西，但能在幾個簡單音符中玩出變化，真是一件不容易的事，有沒有在聲音之中投入自己、投入感情，這些，聽者都是能感覺得出來的，創作的音樂能帶給別人什麼樣的感受？是否能在別人心中引起一點共鳴？創作，像是跟音樂談場戀愛，聽著小宇同學唱「我就站在這裡，從來不曾離去。」她體認到──

衝撞‧阿瑪迪斯 / 愛與幸福的歌

「創作之路即使孤單又漫長
也要達成對音樂不離不棄的愛。」

132

來到這，遇到了很多來拍結婚照的新人，
外國人對感情總是特別的大方，
即使她牽著腳踏車來到新人面前，
他們依舊神情自然、毫不扭捏的擁抱，
讓我充分感受到洋溢著幸福的美好氛圍。

在一九九九年的夏天，張芸京認識了搖滾樂，認識了五月天，某些畫面，可以讓她想起一些旋律；某些旋律，可以讓她重新組合一些回憶。回憶起二〇〇九年去參加五月天小巨蛋演唱會，很奇妙，那像是把小時候埋在樹底下的時光寶盒挖出來一樣，十年前與十年後，每天都有些細微的變化，遇見了各式各樣的人，就像〈一顆蘋果〉的歌詞所言：「有些人經過我身旁，住在我腦中，在我心裡鑽洞，有些人變成相片，堆在角落，灰塵像雪一般冰凍」，但是有些感動，卻怎樣也不會變……，縱使時光寶盒的外殼都已生鏽，盒子內的記憶卻依舊清晰。

衝撞‧阿瑪迪斯 / 愛與幸福的歌

CRASH AMADEUS / Track 9 Happiness

奮進 阿瑪迪斯／愛與幸福的歌

創作音樂，我們總是渴望有所突破，
希望有些「新」的東西，
但能在幾個簡單音符中玩出變化，
反而是一件不容易的事，
你的音樂能帶給別人什麼樣的感受？
是否能在別人心中引起一點共鳴？

141

CRASH AMADEUS / Track 9 Happiness

熬夜為她投票、無怨無悔為她做的事，這些她都知道，也因為你們的愛與努力，讓更多人注意到張芸京，也讓她獲得了很多獎項、頭銜，有了更多的演出機會，未來她仍用行動表達感謝，

『我決定要陪你們一輩子！』

衝撞 · 阿瑪迪斯 / 愛與幸福的歌

Schloss
Mirabell

米拉貝爾花園

米拉貝爾宮屬於巴洛克式建築，花園採幾何圖樣設計，以希臘神話為主題的四組雕像圍繞著中央噴泉，其象徵著火、土、水和空氣。為著名電影《真善美》的拍攝場景之一，大理石廳原先是大主教辦舞會的地方，莫札特也曾跟著他的父親在這裡表演過，現今被認為是全世界最美麗的婚禮大廳，薩爾茲堡宮庭音樂會也定期在這舉行。

地址　Mirabellplaz,5020 Salzburg
電話　+43662 8072-0

Track 10

Jesus

祢是道路 真理 和 生命

維也納是個音樂之都，也是個咖啡之城，整座城市最多的
就是咖啡館了，試想，他們把經營便利商店的空間都用作
咖啡館，小小的維也納在一九九〇年時，就已有六百多家
咖啡館。走進薩赫咖啡館，門口就有很威風的高挑服務生
帥哥替你開門，整間咖啡館貴氣逼人，水晶吊燈揉和出昏
黃的光線，古典沙發和純木桌椅優雅站立在濃紅色地毯
上，走廊上裝飾著曾來過薩赫咖啡館的貴客相框，一張一
張整齊排列在紅牆上，拼湊出別有韻味的設計感，看著這
些照片，就覺得整間咖啡館很有親切感。

衝撞 · 阿瑪迪斯 / 祢是道路 真理和生命

146

147

CRASH AMADEUS / Track 10 Jesus

維也納的咖啡館都有提供報紙這項便利的服務，讓咖啡館成為了人們互相交流思想的空間，空氣裡飄浮著德文與咖啡香氣，薩赫的咖啡很好喝，除了口感香濃之外，重要的是品嚐咖啡館的獨特氣氛，一口鮮奶油，一口薩赫蛋糕，腦中流洩出 Robbie Williams 的〈Angels〉旋律在環繞，這世界真是太美好。

衝撞 · 阿瑪迪斯 / 祢是道路 真理和生命

在這寧靜的午茶時光中，
難得可以停下腳步，
這兩年來的生活總是不斷地在趕路、
總是很忙碌，
幾乎沒有片刻的喘息時間，
讓自己靜下心來想一想，
走這條路最主要的目標是什麼？

理和生命

在這寧靜的午茶時光中，張芸京難得能夠停下腳步。生活總是不斷地在趕路、總是不停地忙碌，幾乎沒有片刻的喘息，此刻讓自己靜下心來想一想，她走上這條路最主要的目標是什麼？好像每天都忙得天昏地暗的，卻又不知道自己要的是什麼，累積已久的自我挫折，對自己內心感到自卑的情緒，一直存在她的心裡。

「從前在我內心是個極度自卑的人，但透過音樂，，我漸漸找到自己存在的價值。」

衝撞 · 阿瑪迪斯 / 祢是道路 真理和生命

生命中除了面臨短暫的停滯之外，同時也有許多錯過的遺憾。爺爺的過世，對當時還在讀國中的她，打擊很大，無法相信好好一個人怎麼會說走就走，見完爺爺的最後一面，她放任自己哭了三天三夜，還是無法承受這樣的噩耗。張芸京覺得在面對生命中的生離死別，一定要有個訴說的對象、一個情緒的出口，過去的她只能用哭來宣洩，但現在的她仰賴上帝，隨時隨地聽她訴說心事，將傷痛轉為禱告：「神阿，如果這是祢的心意的話，那我會去接受，那 可以教我怎麼把悲傷的情緒放掉嗎？」現在，她養成每天洗澡時與上帝對話的習慣，每次說完後她的情緒都會豁然開朗，就好像所有的悲傷、煩惱，都隨著洗澡水沖到下水道去了……

153

至今，她仍會想起爺爺彈奏風琴，踩著踏板英挺的模樣，想著如果爺爺還在，那就可以和他來個風琴、吉他二重奏，祖孫倆人創作出新音樂，一定相當特別！也常常會想起那段邊打工邊參加超偶的日子，那是她生命中最大的轉捩點，因為有超偶才有現在的張芸京，她才開始踏著夢想前進，真正進去音樂圈，開始全心全意地為了音樂而努力，也開始學會真正去創作。

「我常常想太多，但透過學習創作這件事，也訓練把自己想說的事情，透過音符、透過旋律、透過文字傳達給大家，我一直認為創作就是做最真實的自己，寫過詐騙集團、一定被拋棄、太胖了……一些莫名其妙的歌，有人覺得太直白，但我覺得只要聽了讓人可以感同身受，都是創意！」而現在她也努力朝著寫出讓大家聽了會感動、會得到安慰的創作，希望有一天能跟莫札特一樣，創作出一首首耳熟能詳的美妙旋律。

午茶的時光總讓人想起很多生命中的美好與挫折、轉折與挑戰。

『在我非常無助的時刻，「Beautiful savior」這首詩歌，讓我淚流不止。謝謝祢，釋放了我的心。』

衝撞・阿瑪迪斯 / 祢是道路 真理和生命

155

Café
Sacher

薩赫咖啡館

薩赫咖啡館除了在維也納，薩爾茲堡、茵斯布魯克以及格拉茲皆有分店，薩赫咖啡館位於薩赫五星級飯店內（飯店只在維也納及薩爾茲堡），營業時間從早上八點到晚上十二點，餐點供應至晚上十一點半。

來這體驗最典型的維也納咖啡館氣氛與文化，品嚐最原始的薩赫蛋糕（Sacher-Torte）和薩赫咖啡，你可以直接到店內享用，也可上網訂購，除此之外也提供豐富的奧地利糕點可選擇，以及其他典型的奧地利菜餚，還有各式伴手禮，可愛的薩赫小熊、雪茄、巧克力、咖啡瓷器組、薩赫 spa 產品組合、書籍和 CD 等等豐富選擇。

地址　Philharmonikerstraße 4, A-1010 Wien
電話　+43 (0)1 - 51 456 661
交通　地鐵— U1,U2,U4 到 Karlsplatz 站
網址　http://www.sacher.com/

今天變身王子

Track 11

Rock'n'Classical

搖滾 碰上 古典

160

CRASH AMADEUS / Track 11 Rock'n'Classical

一行人看見這棟皇宮，都驚訝地說不出話來，忙著目瞪口
呆都忘記工作了！在熊布朗宮的宮殿入口拍照，工作人員
不停地吹著泡泡，一連吹了好幾個，不是太小、太大就是
不夠透明！原來吹泡泡也是一門大學問啊！要吹得剛剛好
美麗又不能破，可真不容易！這裡的觀光客很多，漫天飛
舞的泡泡吸引了遊客們的注意，紛紛好奇地拿起相機拍
照，還有小男孩追著泡泡奔跑！形成了一幅可愛的景象！

衝撞 · 阿瑪迪斯 / 搖滾碰上古典

CRASH AMADEUS / Track 11 Rock'n'Classical

熊布朗宮是巴洛克混合洛可可風格的建築，許多人拿它和法國的「凡爾賽皇宮」相比，裡頭總共有一千多個房間，現在開放其中的四十個房間供人參觀，在參觀的同時有個插曲，大家都很好奇為甚麼每個人都挺直著身體，拿著黑黑的手機講電話，聽著電話卻都不說話，靠近一看才發現，原來那個手機是語音導覽的造型機器，連張芸京也想說為什麼來到這裡參觀的人們還要講電話？！

衝撞・阿瑪迪斯 / 搖滾碰上古典

161

平日在熊布朗宮裏會固定舉辦古典音樂會，不曉得在這裡，辦上一場搖滾演唱會將是什麼感覺？從過去到現在，不斷地有人在嚐試古典樂與搖滾樂的結合，讓她印象最深刻的是重金屬搖滾樂團 Metallica 於一九九九年，和舊金山交響樂團合作舉行一場精采的演唱會，其中最經典的一首歌〈Enter sandman〉，看著、看著真是讓人熱血沸騰，忍不住跟著狂吼「Enter night！」想像著台上團員們發狂地甩著頭，狂刷著吉他，背景就是金碧輝煌的熊布朗宮，宮裡的女主人瑪麗亞・泰瑞莎脫掉宮廷禮服跟著張芸京一起 High，大喊「Rock Never Died！！」

有記憶以來，張芸京至今覺得最棒的演唱會是她最喜歡的英國樂團 Muse，到台灣舉辦的第一場演唱會，也是目前為止唯一的一場。當時她和她的團員一起去演唱會的現場，每個人都是買五百元的票，每個人都站在搖滾區，然後在爆滿的人群中拼命擠到最前面，接著打電話給朋友說：「你看，我們擠到最前面了～」能夠這麼近距離地看到心目中的偶像，就是酷！

CRASH AMADEUS / Track 11 Rock'n'Classical

『我也想站到那個舞台上，狠狠地飆著電吉他！』

記得國小翻開音樂課本，看到密密麻麻的豆芽菜譜，以及好多帶著律師頭髮、穿著奇怪服裝的外國人……，這是張芸京對古典音樂的初步印象，也因為好奇書上人物的打扮與穿著，慢慢地瞭解了古典樂的輪廓。來到奧地利，發現當地人對音樂的喜愛與熱情是處處可見的，他們對藝術的狂熱，是從內心深處自然湧出；看看那些街頭藝人演奏的神情，享受又自在！雖然說那時候戶外的氣溫很冷，美妙的旋律仍能吸引不少行人停下，駐足在街頭藝人前面欣賞表演，或多或少給些零錢來鼓勵街頭藝人。

衝撞 · 阿瑪迪斯 / 搖滾碰上古典

song List

> Metallica – Enter sandman

「Rock Never Died ！！」熱血搖滾魂之歌

> MUSE – United States Of Eurasia / Collateral Damage

古典融合搖滾絕佳代表之歌

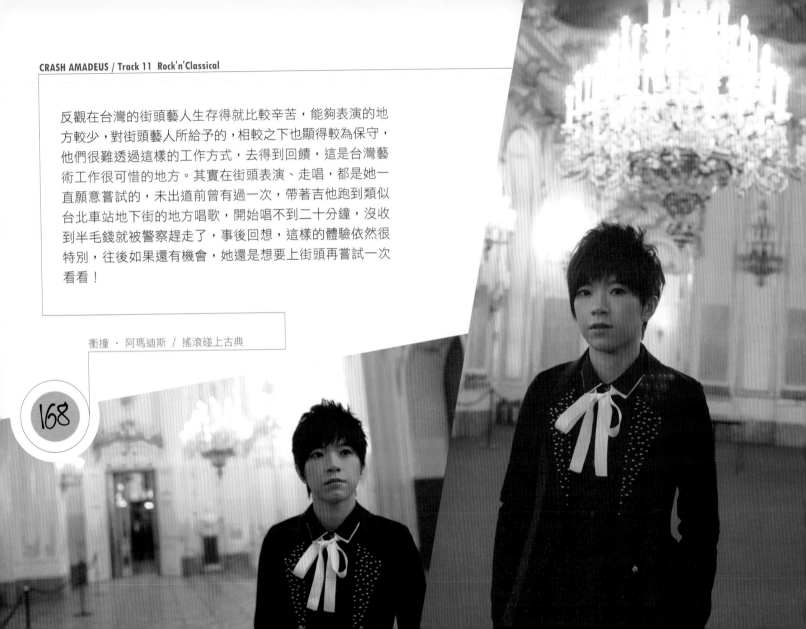

反觀在台灣的街頭藝人生存得就比較辛苦,能夠表演的地方較少,對街頭藝人所給予的,相較之下也顯得較為保守,他們很難透過這樣的工作方式,去得到回饋,這是台灣藝術工作很可惜的地方。其實在街頭表演、走唱,都是她一直願意嘗試的,未出道前曾有過一次,帶著吉他跑到類似台北車站地下街的地方唱歌,開始唱不到二十分鐘,沒收到半毛錢就被警察趕走了,事後回想,這樣的體驗依然很特別,往後如果還有機會,她還是想要上街頭再嘗試一次看看!

衝撞 · 阿瑪迪斯 / 搖滾碰上古典

CRASH AMADEUS / Track 11　Rock'n'Classical

在這裡，張芸京彷彿穿越時空般，遇見搖滾與古典結合的華麗激情，也讓她對古典與搖滾有了更深層面的認識，古典音樂沒有 MV、沒有畫面、沒有搶眼的服裝，純粹的音樂使人很有想像力；流行音樂重視 MV、服裝與舞台燈光效果，熱血的音樂使人充滿力量。她在 Muse 樂團身上了解古典和搖滾結合的美好，也想追隨 Muse 的腳步，組個古典與搖滾相互激盪的樂團，團員全部換上女生，她相信由女生來呈現古典的柔和、搖滾的剛硬，會是一個衝突又 Match 的組合，期待撞擊出與當下流行音樂截然不同的風格，也將顛覆了、衝撞出每個人對音樂無界限的另一個想像空間。

衝撞‧阿瑪迪斯 / 搖滾碰上古典

「再華麗的包裝總有一天會逝去，
唯一永恆不變的，是那顆真誠對待音樂的心。
音樂，沒有包裝好壞的分別，而是在於內心
是否真實觸動，那個部分是騙不了人的。」

Schönbrunn

熊布朗宮

　　熊布朗宮，在十四世紀是被稱作卡特堡，一五六九年開始成為哈布斯堡家族的財產，一六一二年，皇帝馬提亞斯在一次狩獵中發現了甘泉，也是美泉宮這名稱的由來，在最初它是作為貴族打獵的社交場所，直至瑪麗亞泰瑞莎執政期間，建築才建露輝煌，從狩獵行宮轉變成一座大型的夏宮，於一九九六年開始被列入世界遺產名單之中。

　　巴洛克式建築講求建築物與大自然合而為一，除了宮內有四十個房間可參觀，宮外則有大型花園、各式雕塑和紀念碑、棕梠暖房、迷宮園林、觀景亭，以及全世界第一座的動物園。

　　熊布朗宮全年開放，包括國定假日，開放時間為早上八點半，八點十五即可買票，關閉時間晚上六點或四點半依季節而定。

地址　Schönbrunner Schlossstrasse 47 ,1130 Vienna
交通　地鐵— U4 ／電車— 10 and 58 ／公車— 10A
　　　坐至 Schönbrunn 站
網址　http://www.schoenbrunn.at

CRASH AMADEUS / Track 11 Rock'n'Classical | 衝撞・阿瑪迪斯／搖滾碰上古典

Track 12

Beat

快反轉 地球
敲出 新節奏

CRASH AMADEUS / Track 12 Beat

這裡是多瑙河支流旁的河堤邊，原本這並不在這次的行程
表上，車上看到這裡的牆面上的一整排塗鴉後，因為張芸
京提出下車去看看的想法，竟意外發現了多瑙河沿岸的另
一張美麗的臉孔。過去塗鴉總被認為是在破壞城市樣貌，
充滿反叛精神的街頭次文化，可是其實要創作出這些作品
並不容易，要獲得認同也不簡單，塗鴉並不像梵谷、米勒
這些畫家的畫作，被掛在美術館裡供人欣賞和評論的，塗
鴉是最直接地表現新世代的思維，是更貼近生活語言的美
學，對我而言，塗鴉隨處都可以是創作，有種和我創作音
樂一樣的態度！

衝撞 · 阿瑪迪斯 / 快反轉地球，敲出新節奏

CRASH AMADEUS / Track 12 Beat

不拘泥的創作形式這點，在她的生活中正徹底貫徹著。每
天洗澡時她都會與上帝對話，交談中的文字，最近也成為
了她的靈感來源，或是隨意地哼著歌，記得有一次，她哼
著哼著……，哼到一半時突然覺得：「天哪！這個我一定
要趕快記下來。」接著，她連衣服穿都還沒穿就衝出浴室，
把剛剛哼出的旋律錄下來，靈感來的時候總怕它稍縱即逝，
所以她笑說：『以後在洗澡時，應該要放一台錄音機在旁
邊才是上策，哈！可以在浴室中創作很酷吧！』

但是當沒有靈感時，那種搜腸刮肚、腦汁都榨光了的感覺
實在不好受，這一點，不論是設計、作家還是音樂人都是
一樣的，張芸京寧可不斷地被退稿、被批判，也不喜歡沒
有任何方向、主題下就要生出東西來的創作，萬事起頭難，
往往她總是花最多的時間在創作的起點……

「我一定要學會如何藉由創作去表達，
因為我想告訴你們最真實的自己。」

結束臨時起意的塗鴉牆行程後，緊接著前往同樣也是色彩
繽紛的後現代建築百水公寓，是一位人稱「奧地利高第」
的百水先生——韓德特瓦賽（Hundertwasser）所設計，百
水先生是一位從舊有的藝術形式中去思考、創造藝術新的
可能性、大膽的藝術家，建構出完全有別於歐洲古典式的
傳統建築，看著眼前這棟建築，會心想百水先生一定是位
充滿童趣的伯伯，正奔跑在公園裡玩著竹蜻蜓！

衝撞 · 阿瑪迪斯 ／ 快反轉地球，敲出新節奏

177

這棟公寓沒有一間窗戶是相同的，百水伯伯認為應該讓住戶一同參與設計，讓自己的房子也成為自己的一部份，窗戶不應該死板、沒有生命力，它是人們看向世界的管道，看向世界的眼光必須是開放的、多變的，從這樣的窗口望外看，彷彿能看見達利畫作中超現實的景色。百水公寓裡也沒有任何一條直線，它的線條都是具有流動感的曲線，感覺住在裡頭的人們，都是狂放不羈的藝術家。

衝撞 ‧ 阿瑪迪斯 / 快反轉地球，敲出新節奏

181

每個時代都有它自己的藝術，每種藝術都有它自己的自由，百水公寓就是這樣而生。在音樂的領域方面，張芸京也想表達「每個時代都有它自己的搖滾，每種搖滾都有它自己的意念」，莫札特最令人感動、令人尊敬的是，不論他的精神或是生活上遭受什麼困境，他的音樂仍然保持在最純粹的開始，他表現了音樂最美好的本質，聽莫札特的音樂很難想見在那個時代，他遇到了多少讓人挫折、失望的事；聽阿瑪迪斯的旋律，可以知道他終究是個熱愛生命且積極樂觀的人，他曾說：「音樂必須永不刺耳，必須令聽者如沐春風，也就是永遠不失音樂本色。」

衝撞 · 阿瑪迪斯 / 快反轉地球，敲出新節奏

莫札特讓人們相信，音樂是這個世界上最美好的事，也因此許多人認為他的音樂能平撫心靈。這些音樂理念帶給了張芸京一些衝擊，這句話也讓她思考唱歌時要控制情感，而不是要完全地投入感情，音樂創作不應該只是創作者個人情緒的發洩，音樂不僅只為個人，除了感情之外，還可以有很多其他不同層面的東西可以傳達。

182

「我希望讓芸京的音樂，是那樣有盼望、有愛，唱出聆聽者心裡的痛，那樣子令人感同身受，讓你們明白，我也懂那樣的痛，並且得以釋放。這是我的使命，成為一個歌手的使命，陪伴你們一起找到希望，一起放下難過，一同療傷，這就是我的目標。

我常在想，為什麼過去的我已經走在音樂的道路上卻仍感到迷失，這不是我一直以來的夢想嗎？

有點名氣、有點貴氣，這是某些人夢寐以求的狀態，我問自己，這是你想要的嗎？為什麼？你要的是什麼？

現在，我終於找到自己的價值。我，不是為了自己而唱。我為了需要的人們而唱，藉著音樂，釋放、安慰你們，才是我的夢想。」

Hundertwasserhaus
百水公寓

在寒風刺骨中作畫

百水公寓為百水先生所設計，公寓為私人空間不開放參觀，公寓內共有五十二間住家、四間辦公室、一間醫生的辦公室，十六個私人頂樓露臺以及三個共用露臺，社區設施則有兩個兒童遊樂區和冬日花園。

有鑑於觀光客絡繹不絕，政府決定在對面蓋一間百水藝術村（Hunderwasser Villege），裡頭有各式紀念品販售，餐廳、吧台，廁所也是極具百水風格。

百水的設計除了這棟公寓外，另外還有專展百水畫作的博物館─KunstHaus Wien，垃圾焚化爐（Spittelau）等具有個人特色的後現代建築。

地址　Kegelgasse 34-38/Löwengasse 41-43, 1030 Wien
交通　地鐵─U1,U4 到 Schwedenplatz 站
　　　再轉搭電車 1 到 Hetzgasse 站

CRASH AMADEUS / Track 12 Beat　衝撞 · 阿瑪迪斯 / 快反轉地球，敲出新節奏

旅途的最後 The End

　　走過維也納的環城大道，處處飄盪著古典樂，每一條小巷都流洩出一段一段的曲調。不同城市就像不同的人，擁有不同的性格，台北給人的感覺很豐富、很熱情，東京處處都是設計卻也有著距離。

　　維也納，日夜完全給人不同的感受，白天的國家歌劇院、市政廳、國會大廈莊嚴典雅，入夜後卻又換裝成紙醉金迷的絢麗，街頭音樂和燈光點亮的一座座古典建築，又讓這座城市添加了迷人的風情。

時間的流動是屬於個人的，有時會希望光陰似箭，有時會害怕歲月如梭，不知不覺來到了旅行的最後，今天是在維也納的最後一晚，下著微微的雨，歐洲街頭的人們似乎都不用撐傘，幾乎都是穿著深色的風衣，帶上帽子快速地走過。

這趟旅程的所有人坐在位於地鐵一出來的露天咖啡座，時間已是晚上九點，卸下工作的頭銜包袱，大夥喝著咖啡、白酒閒聊著，這趟奧地利之旅，對我來說，像是個短暫的休息假期，緊接著就要準備演唱會，所以這趟旅行她並沒有想太多事情，像是一段放空之旅，旅行的意義就是「放空」，有時要拋開腦袋所有的東西反而顯得不容易。

過糖

維也納路邊賣的"超"大熱狗！

「我的靈魂暫時得到了休息，在這個渾然大成有音樂、有藝術的時空裡，我呼吸著異鄉的空氣，讓心靈獲得釋放，言談之中每個人笑著、說著，有著大家的陪伴，所有的自己都不再是那麼重要了。」

「Look how they shine for you」

我耳邊聽著 Coldplay 的〈Yellow〉，拖著行李在街上走著，看著路上來來往往的人，每一只皮箱都藏著無數個故事，我正要離開一個地方，也正要前往某處，前往一段未知或是曾經熟悉的地方。

無論目的地是哪裡，我都要勇敢地離去和
勇敢地停留，不要害怕留戀生命中路過的舊風景，
也不要害怕找尋生命中的新景色。

Wussten
Sie dass..

B&O bereits 1925 von
Peter Bang und Swend
Olufsen gegründet wurde?

MOZART

OTTO
MUEHL

關於奧地利 About Austria

正式國名
奧地利共和國（Austria）

首都
維也納（Vienna）

面積
83,850 平方公里

人口
約 828 萬人

官方語言
奧地利使用德語，但通曉英語者，甚為普遍。

氣候
奧地利氣候屬中歐型氣候。西部受大西洋影響，冬夏溫差和晝夜溫差大且多雨，東部為大陸型氣候；溫差小、雨量亦小。阿爾卑斯山地區寒冬季節較長、夏季比較涼爽；七月平均氣溫為 14-19℃，冬季從十二月到三月，山區舞月仍有積雪，氣溫達零下。部分山區，即便在夏日，晚間仍有涼意，須著風衣或外套。

地理位置
奧地利位於歐洲大陸中央心臟地帶。北接德國及捷克、東鄰斯洛伐克及匈牙利、南接斯洛維尼亞及義大利；西鄰瑞士，多瑙河由西而東貫穿北部全境。自古即為歐亞交通孔道。

貨幣
歐元

時差
較台灣慢七小時
（三月至九月日光節約時間較台灣慢六小時）

宗教
全國約 75 % 的人口為羅馬天主教徒，而基督教和回教徒約佔 5 %。

電壓
220 伏特／雙孔圓型

歷史
西元一二八二年神聖羅馬帝國皇帝 Rudolf von Habsburg 派兵佔領奧地利，建立長達六百年之哈布斯堡王朝。

關於維也納
奧地利首都的帝國傳統和現代建築並肩而立。這裏的文化活動、帝國風光、咖啡廳、葡萄酒酒館和維也納的獨特魅力享譽國際。同時全球很少城市的綠地能和維也納相提並論，連市中心都是一片青蔥翠綠。公園和花園把城市點綴得更加美麗，民眾可在附近的普拉特公園（Prater）、維也納森林區和洛保（Lobau）休閒區散步、健行和騎乘單車。

關於薩爾茲堡
教堂、城堡、皇宮等建築在薩爾茲堡處處可見。這裏每年舉辦世界知名的薩爾茲堡音樂節，聯合國教科文組織更把如詩如畫的舊城區指定為世界文化遺產。由於薩爾茲堡舉辦過四千場活動，因此成為歐洲最重要的文化大本營。薩爾茲堡的象徵就是霍亨薩爾茲堡要塞(Fortress Hohensalzburg)。

關於格拉茲
奧地利第二大城是保存良好、氣氛絕佳的觀光地區，市中心有座城堡山（Schlossberg）。城堡山上花木扶疏，俯瞰洋溢中古風情的市中心，山頂則有格拉茲的著名地標鐘樓。格拉茲在二〇〇三年成為歐洲文化首都，也為此大興土木，起建幾個現代建築，例如格拉茲美術館（Kunsthaus）和莫爾河島（Island in the River Mur）。目前的格拉茲都市景觀融合了中古與現代式建築。

奧地利假期官方旅遊指南
http://www.austria.info/tw

BIKE INDUSTRIES

KTM 簡介

　　KTM 為歐洲自行車老廠，成立於 1953 年，坐落於奧地利的 Mattighofen 市。KTM 以高品質為其經營理念，經數十年的市場歷練，成為其他大廠學習與取經的對象。2007 年翻新的總部辦公室，採用現代化的設計，更被譽為「自行車的夢幻工廠」。

　　從第一輛 KTM 自行車問世開始，創時代的設計、經典的造車工藝已與 KTM 品牌密不可分。KTM 工作團隊一致的理念：「產品的生命延續取決於研發」，而與研發創新密不可分的另一個關鍵，就是維持產品的品質。KTM 從研發、打樣、反覆測試一直到量產，層層的關卡都秉持「品管嚴謹」的一貫態度。而於奧地利之 KTM 總部內，無論是組裝生產線或是高階車款的 A-Box 組裝室，都是由一男一女的組裝團隊構成，塑造優質工作氛圍，才能提供最佳的產品品質。

　　由於 KTM 本身的理念堅持，掌握產業特性以及優勢，所有這些得天獨厚的條件，促使 KTM 擁有極大的潛力於國際市場中發展，讓全世界都能體驗奧地利國寶自行車。

　　來到了 KTM 腳踏車工廠，總經理 Carol Urkauf 會說中文，能夠在異地遇到會說中文的人真的是一件很感動的事！參觀腳踏車工廠是一個很妙的經驗，我想沒有人會突發奇想在休假中安排去逛各式各樣的工廠吧，一到他們內部辦公室，就很喜歡他們的裝潢設計，線條簡約乾淨，色系以銀白為主，透明玻璃銜接，在日光燈的映照下更予人時尚的設計感，裡頭的人不知道為什麼看起來變得更專業，能夠在這樣的環境裡工作真棒！

　　看到他們製作腳踏車的流程，每一個環節是如此精細而重要，作音樂也如同工廠製作一樣，從靈感的乍現、譜上一個一個音符、填詞，在這樣反反覆覆的過程中，再進入後期的編曲、錄音，除了音樂作品本身外，還有音樂的概念、企畫，最後壓片、包裝販售等等的，看到心血完成的時候，拿在手上的真實感真的是很感動。

　　Carol 小姐還規定在這裡製造腳踏車的工作，一定要一男一女，她說：「這樣作起來比較有效率！」我覺得這個想法太有趣了，這間工廠從 1964 年製造及銷售了近三百萬台腳踏車，不曉得也造就了多少對情侶呢！

1934	Hans Trunkenpolz 在奧地利 Mattighofen 市，設立維修工廠
1951	Hans Trunkenpolz 打造了他的第一輛摩托車
1953	現今遠近馳名的 KTM 三個字，來自於：
	兩位創立者 Ernst Kronreif 與 Hans Trunkenpolz，以及奧地利 Mattighofen 市，取三個單字的字首，成立了 KTM 公司.
1964	第一輛以 KTM 為自有品牌的單車問世
1986	KTM 發表 Formula 公路車款
1989	KTM 第 1,000,000 輛自行車誕生
1994	KTM 第一輛鋁合金車架的單車問世
2001	KTM 第一台以粉體塗裝處理技術生產的車架問世
2004	KTM 第 2,500,000 輛自行車誕生
2005	車手 Yader Zoli 為 KTM 贏得第一面 World Cup 世界盃冠軍
2005	KTM 第一台全碳纖維車架誕生
2007	KTM 打造科技與現代化創新的自行車夢幻工廠
2010	KTM 於台灣成立亞洲分公司

KTM BIKE INDUSTRIES

THE URBAN SERIES

GRAN PURE

日本Shimano Nexus 8 ST8S20 內變8速系統

CLEAN
SMOOTH
TRENDY
COMMUTING
RELAXED
NO CARE

建議售價NT$39,000

KTM-BIKES ASIA CO., LTD. (奇特美股份有限公司) 台北市民生東路二段174號11樓 **TEL:** 886-2-2501-5869 **FAX:** 886-2-2501-5879

北北基 　RST休閒概念館/達文西單車運動休閒館/轉角單車 　　　　桃竹苗 　億達汽車/楊梅自行車生活館
中彰投 　ShowBike/鐵馬王單車精品/穿山甲專業單車生活館 　　　雲嘉南 　圓點單車/六德車業
高高屏 　德馬國際精品/度安車行

WWW.KTMBIKES-ASIA.COM

HIGH END FULL CARBON
TORYN 1.0
頂級全碳纖維一體成型車架

Rock Shox Reba 100 RL（可線控鎖定）

日本Shimano 前SLX/後XT 30速變速系統

建議售價NT$59,900

KTM-BIKES ASIA CO., LTD.(奇特美股份有限公司) 台北市民生東路二段174號11樓 TEL: 886-2-2501-5869 FAX: 886-2-2501-5879

北北基　RST休閒概念館/達文西單車運動休閒館/轉角單車　　　桃竹苗　億達汽車/楊梅自行車生活館
中彰投　ShowBike/鐵馬王單車精品/穿山甲專業單車生活館　　雲嘉南　圓點單車/六德車業

WWW.KTMBIKES-ASIA.COM

BE YOURSELF

張芸京款

www.listenerbag.com.tw

When it wants
to be dressed up,
it may be good to
stretch itself a little.
There may be interesting
discovery when I sometimes
look arou...
for such...
I pile up th...
and this...

listener® ♥ 張芸京
慶祝《衝撞‧阿瑪迪斯》的發行！

❤ **1** 持寫真書來店消費全面九折(2011/2/01~9/30)

❤ **2** 購買張芸京款即送限量簽名桌曆及簽書會拍立得券

Kodak

Ektar 100
柯達專業彩色負片

全新

柯達全球首推顆粒最細膩的專業彩色負片，
具有鮮豔的色彩飽和度及無與倫比的銳利度，
適合用於掃描及放大沖洗。

Kodak
EasyShare M590
Digital Camera

全球最薄 5倍光學變焦

輕薄美型 性能卓越

Silver

Red

望遠鏡頭一定又大又重嗎？
柯達EasyShare M590數位相機，把5倍望遠鏡頭，裝入業界最輕薄的時尚機身裡，
搭配智慧拍攝模式及光學防手震技術，讓妳不管近拍遠拍，張張清晰美麗。

輕按 **Share** 即可將照片上傳至你所喜愛的空間

解放，
熱愛自由的脫

 lotto

馬桶洋行

1969
25 JAN

BANANA CHIPPY
A JOLLY MONKEY

www.matun.com.tw

マートーINC.

1月25日 木曜日

BANANA CHIPPY
A JOLLY MONKEY

馬桶洋行全據點

【北 區】信義三越A11 5F／美麗華 2F／誠品116 4F／京站廣場 B2／板橋遠百 11F／板橋誠品 4F／桃園站前新光 5F／
新光三越南西三館 B1F／復興SOGO 5F (NEW OPEN)

【南 區】高雄大遠百 9F／漢神百貨 8F／高雄新光 10F／大統新世紀 1F／台南新光中山 10F／台南新天地 5F／左營新光7F／
Focus 5F／台南成功遠百 5F／新崛江名佳美／瓶急 B1F／夢時代 4F／漢神巨蛋 8F／高雄SOGO B1F／屏東鎮品7F

【中 區】新竹遠百 8F／台中新光 11F／中友百貨 B棟11F／老虎城 2F／廣三SOGO 9F／嘉義耐斯 5F／嘉義新光 6F

【直營門市】展示中心：高雄市前金區七賢二路375號 (NEW OPEN)
五福新館：高雄市新興區五福二路222-2號
台南1号館：台南市萬昌街151號
屏東1号館：屏東市民生路327號

DeeJay 行動家庭娛樂中心

MP3 多媒體 喇叭

SP1102
- SD/SDHC/MMC卡即插即播
- 支援MP3/WMA音樂格式
- 獨特抽換式鋰電池設計

SP1800
- SD/SDHC/MMC卡即插即播
- 定時FM開機與預約錄音功能
- 一體成形，便利活動提把設計

觸控螢幕

UC806 **NEW** 4.3吋
- 1600萬色觸控式影音播放器
- 超強720P全格式影片播放
- 創新桌面捷徑功能

UC810 4.3吋
Full HD 1080
- 高畫質五合一多功能影音播放器
- 超強1080P全格式影片播放
- 多聲道影片切換

MP4 MP3 Player

UC510
- 超長1127小時錄音時間
- 支援APE/FLAC無損音頻格式
- 支援SRS WOW立體環繞音效

UN410
- 內建大型揚聲器
- MP3隨身聽+隨身喇叭

neo-

K 凱特文化 讀者回函

敬愛的讀者您好：

感謝您購買本書，只要填妥此卡寄回凱特文化出版社，就有機會
獲得由張芸京親自手寫，從維也納寄回台灣的明信片喔！數量有
限，敬請把握機會！

活動截止時間：2011年3月31日止（郵戳為憑），並於4月抽出
幸運得主，名單將公布在凱特文化部落格。

您所購買的書名：**衝撞・阿瑪迪斯**

姓名：＿＿＿＿＿＿＿＿＿＿　性別：□男　□女

出生日期：＿＿年＿＿月＿＿日　年齡：＿＿＿＿＿＿

電話：＿＿＿＿＿＿＿＿＿＿＿＿＿＿＿＿＿

地址：＿＿＿＿＿＿＿＿＿＿＿＿＿＿＿＿＿

E-mail：＿＿＿＿＿＿＿＿＿＿＿＿＿＿＿＿

請寫下你對本書的建議：＿＿＿＿＿＿＿＿＿
＿＿＿＿＿＿＿＿＿＿＿＿＿＿＿＿＿＿＿＿
＿＿＿＿＿＿＿＿＿＿＿＿＿＿＿＿＿＿＿＿
＿＿＿＿＿＿＿＿＿＿＿＿＿＿＿＿＿＿＿＿
＿＿＿＿＿＿＿＿＿＿＿＿＿＿＿＿＿＿＿＿

＿＿　學歷：1.高中及高中以下　2.專科與大學　3.研究所以上

＿＿　職業：1.學生　2.軍警公教　3.商　4.服務業
　　　　　　5.資訊業　6.傳播業　7.自由業　8.其他

＿＿　您從何處獲知本書：1.逛書店　2.報紙廣告　3.電視廣告
　　　　　　　　4.雜誌廣告　5.新聞報導　6.親友介紹
　　　　　　　　7.公車廣告　8.廣播節目　9.書訊
　　　　　　　　10.廣告回函　11.其他

＿＿　您從何處購買本書：1.金石堂　2.誠品　3.博客來　4.其他

＿＿　閱讀興趣：1.財經企管　2.心理勵志　3.教育學習
　　　　　　4.社會人文　5.自然科學　6.文學　7.音樂藝術
　　　　　　8.傳記　9.養身保健　10.學術評論
　　　　　　11.文化研究　12.小說　13.漫畫

廣　告　回　信
台 北 郵 局 登 記 証
台 北 廣 字 第 2 7 7 6 號
免　貼　郵　票

台北縣236土城市明德路二段149號2樓

凱特文化　收

姓名：

地址：

電話：

衝撞‧阿瑪迪斯：張芸京奧地利寫奏曲 / 張芸京著 . --
初版 . -- 臺北縣土城市 ： 凱特文化創意 ,2011.02　面 ；
　公分 . -- (愛旅行；44)
ISBN 978-986-6175-15-2(平裝)
1. 遊記 2. 奧地利
744.19　　　　　　　　　　　　　　99022807

在這個渾然天成有音樂、
有藝術的時空裡，
我的靈魂暫時得到了休息，
呼吸著異鄉的空氣，
讓心靈獲得釋放，
言談之中每個人笑著、說著，
有著大家的陪伴，
所有的自己都不再是那麼重要了。

在這樣的氛圍中，
不知不覺來到了旅行的最後，
無論接下來的目的地是哪裡，
我都會勇敢地離去和停留，
不害怕留戀生命中路過的舊風景、
也不會害怕找尋生命中的新景色......